O LIVRO DE
RECEITAS DAS
CARNES
Veganas

Miyoko Schinner

FUNDADORA DA REDE PLANT-BASED
MIYOKO'S CREAMERY

O LIVRO DE RECEITAS DAS

CARNES

Veganas

**Mais de 100 Refeições Saudáveis, Suculentas e
Saborosas Totalmente Plant-Based**

Fotografias
Eva Kolenko

Tradução
Denise de Carvalho Rocha

Editora Cultrix
SÃO PAULO

SUMÁRIO

Introdução

Pode parecer um pouco estranho que eu esteja escrevendo um livro sobre carnes, mesmo que sejam plant-based (à base de vegetais ou plantas). Embora tenha ganhado o apelido de "Rainha do Queijo Vegano", minha experiência real em comer carne é limitada, pois me tornei vegetariana aos 12 anos. Mesmo antes disso, só comi carne regularmente por alguns anos, entre os 6, quando deixei o Japão, e os 12, quando me tornei vegetariana. Antes do ano em que minha mãe e eu migramos do Japão para os Estados Unidos, a carne era algo que só comíamos de vez em quando. Nos Estados Unidos, no entanto, meu pai quis garantir que eu fosse uma garota bem nutrida, o que para ele significava me oferecer refeições com carne três vezes ao dia. Acabei ficando viciada em carne e em queijo, embora esse último vício tenha durado até meus 20 e poucos anos.

Quando parei de comer carne depois de um acampamento escolar, meus colegas do ensino médio começaram a zombar de mim e viviam me oferecendo hambúrgueres. Isso não me incomodava nem me deixava com vontade. Meu desejo de comer carne desapareceu da noite para o dia, e deixei de vê-la como comida. Passei a reconhecer a carne como um animal, alguém que também queria viver. Eu não queria comer um bife mais do que queria comer uma cadeira. Não foi difícil para mim manter o vegetarianismo. Foi fácil.

No entanto, minha experiência é única. A maioria das pessoas não faz essa transição com tanta facilidade. Somos todos criaturas de hábitos e cultura, como temos sido ao longo da história. Comemos o que todo mundo come, e essa comida ajuda a definir nossa identidade, quem somos, a qual comunidade pertencemos. Queremos comer alimentos conhecidos, sair para comer uma pizza com os amigos ou nos deliciarmos com um pote de frango frito com nossos filhos. Portanto, mesmo que sua filha vegana ou seu melhor amigo lhe digam que se torne vegano para salvar o planeta ou os animais, nem sempre fazer isso é fácil.

Fiquei chocada ao ler que, em 2018, o consumo de carne nos Estados Unidos atingiu novo recorde de 100 quilos por pessoa. Os norte-americanos sempre comeram mais carne que outras populações, mas a pessoa média consome hoje mais que o dobro do que consumia entre 1900 e a década de 1950 (quando as refeições prontas congeladas e os *fast-foods* tornaram o ato de comer carne não só um modismo, mas um grande divertimento). Compare essa estatística com muitos países africanos, onde o consumo de carne anual ainda é inferior a 10 quilos *per capita*, ou mesmo com a China, onde o consumo de carne aumentou de 5 quilos no início do século XX para mais de 60 nos dias de hoje. À medida que o consumo de carne continua a aumentar nos Estados Unidos e na China, um terço dos britânicos afirma ter reduzido ou interrompido por completo o consumo de carne, e, de acordo com o Google, no mundo todo a palavra "vegano" está entre os termos mais pesquisados. Mesmo nos Estados Unidos, mais de 50% das pessoas entrevistadas afirmam ter interesse em reduzir o consumo de carne por se preocuparem com a saúde, o meio ambiente e o bem-estar dos animais. O centro do prato está em constante mudança em todo o mundo, e especialistas e pessoas de todos os lugares estão discutindo o futuro das proteínas. De onde elas deveriam vir? Devem continuar vindo de animais criados de forma "sustentável" e "abatidos com humanidade", como se o uso de eufemismos para equiparar animais a plantas tornasse a situação melhor para o animal? Ou deveríamos investir em pesquisas sobre proteínas mais originais e inovadoras, como insetos ou leveduras? Seria simplesmente uma questão de produzir proteínas suficientes (qualquer proteína) para atender às necessidades da população mundial em expansão? Por mais que tentemos desviar o problema reduzindo-o apenas a uma questão de fontes de proteína, a realidade é que o mundo tem apetite por *carne*.

Sabemos que o planeta não tem condições de sustentar os bilhões de animais de criação que inserimos à força no nosso sistema alimentar. Também sabemos que isso é cruel além das palavras. Ao mesmo tempo, não podemos nos esquecer da importância da cultura alimentar. Não dá para esperar que populações culturalmente doutrinadas mudem seus hábitos da noite para o dia. É preciso encontrar soluções para ajudar as pessoas nessa transição – e essas soluções precisam ser *deliciosas*. Não se trata apenas de nutrientes; trata-se de sabor e cultura. Temos de nos lembrar de que a comida precisa confortar as pessoas, proporcionar alegria e criar comunidade. E nesse ponto da história humana isso significa encontrar maneiras de substituir a carne por alternativas vegetais viáveis.

Empreendedores e empresas em todo o mundo estão enfrentando o desafio de descobrir como alimentar dez bilhões de pessoas até 2050 sem destruir o planeta. Mas as mudanças climáticas e a segurança alimentar não são um problema que só a indústria alimentícia precisa resolver; também são responsabilidade de cada um de nós como consumidores. Na realidade, somos mais poderosos do que imaginamos, e nossas escolhas alimentares podem ajudar a redirecionar o futuro do planeta. Felizmente, estamos entrando numa época em que a "carne" que não vem de animais está passando por crescimento exponencial. Essas novas opções tornaram mais fácil à população amante da carne promover a defesa do meio ambiente na própria cozinha. Até o momento em que este livro for publicado, outras dezenas de empresas vão ter lançado "carnes" feitas com base em vegetais, oferecendo ainda mais opções para você explorar. Além das inúmeras variedades de hambúrgueres e nuggets, vai haver carne de porco, bifes, peixes e até lagostas feitas com base em todas as sementes, leguminosas e grãos concebíveis. Pode até haver algumas daquelas coisas chamadas "carnes à base de células", produzidas com células cultivadas em laboratório para imitar carne e, portanto, com identidade confusa – são mesmo veganas ou vegetarianas se são feitas com base em células animais? Assim como a seção de laticínios não tem mais apenas leite de vaca, mas também leite de amêndoa e coco, o açougue poderia ser um lugar muito diferente se esses produtos conseguissem migrar da seção de produtos refrigerados ou congelados.

De fato, as alternativas à carne ou os "substitutos" dela não são nenhuma novidade. Existem há centenas de anos na Ásia, onde monges budistas desenvolveram substâncias mastigáveis feitas de trigo e soja para satisfazer aos desejos terrenos que não desapareciam apesar de horas de meditação. Vá a qualquer restaurante vegano chinês e você vai ficar impressionado com as várias opções que se assemelham a pato, porco, carne bovina e até barbatana de tubarão, e a maioria delas é absolutamente deliciosa. No Vietnã, experimentei um "porco" tão suculento e macio que não consegui parar de pensar nele a noite toda. Até mesmo nos Estados Unidos, empresas como a Loma Linda e, no Brasil, empresas como a Fazenda Futuro, têm produzido alternativas de carne faz algum tempo. Mas, se esse é o caso, por que faz tão pouco tempo que o mundo começou a prestar atenção nisso?

Maravilhas feitas de tofu ou carne vegana em restaurantes orientais podem ter animado um *gourmet* intrépido, mas até pouco tempo as opções veganas nas prateleiras dos supermercados não tinham graça nenhuma e só conseguiam atrair os vegetarianos mais rigorosos. Avanços rápidos na tecnologia alimentar de empresas respeitáveis como Ecobras, Tofu Mania, Fazenda Futuro e NotCo colocaram a carne vegana no mapa e o mundo agora está clamando por mais. Produtos que antes ficavam escondidos num canto escuro das lojas de alimentos naturais agora são exibidos com orgulho nas principais redes de supermercados, e até redes de *fast-food* estão promovendo alternativas à plant-based com sucesso retumbante.

Quem está comprando esses produtos? Estudos mostram que a maioria dos consumidores de carne plant-based não é vegana nem vegetariana, mas pessoas que optaram por reduzir significativamente o consumo de carne na alimentação e representam a crescente população de pessoas que estão tentando comer de um jeito mais saudável, reduzindo a quantidade de produtos de origem animal que consomem. Outros estudos mostram que as gerações do milênio e/ou mais jovens tomam decisões de compra de maneira muito diferente das dos pais e avós, considerando os impactos para a saúde, o meio ambiente e a ética dos produtos que compram (tanto em termos de bem-estar animal quanto do tratamento dos trabalhadores das empresas alimentícias). Com mais informações inundando a internet sobre os impactos ambientais desastrosos da agricultura animal, combinados com o sofrimento desnecessário dos animais, não é surpresa que as pessoas se interessem por opções plant-based.

No entanto, uma das críticas a alguns produtos plant-based ou veganos é que eles são altamente processados. Enquanto as "carnes" tradicionais da Ásia eram relativamente não processadas (afinal, os monges as produziam em cozinhas simples e com poucos ingredientes), muitos dos produtos disponíveis hoje contêm ingredientes misteriosos e muitas vezes impronunciáveis, o que leva algumas pessoas a questionar até que ponto eles são realmente saudáveis ou "naturais". Até mesmo alguns veganos rigorosos evitam as carnes plant-based por esses motivos. De muitas maneiras, eu concordaria que alguns dos itens disponíveis comercialmente não são as coisas mais saudáveis que você poderia colocar na boca. Se quiser comer algo realmente saudável, experimente couve. Ou feijão. Ou morango. Ou arroz integral. Mas eu argumentaria afirmando que as carnes veganas ainda são melhores que comer a carne de um animal morto, carregada de colesterol e hormônios (já existem muitas pesquisas científicas para comprovar a natureza nem um pouco saudável dos produtos de origem animal) e certamente satisfazem a um desejo que se poderia dizer que é bom para a alma.

Embora selecionar alimentos com base em quão saudáveis são seja muito importante, na minha opinião estamos num momento crítico da história em que devemos pensar além de nossa saúde individual e considerar a do planeta e a dos animais, tanto domésticos quanto selvagens. A Amazônia está em chamas, sendo que 91% das queimadas são iniciadas com o propósito de preparar as terras para a pastagem de gado ou para operações pecuárias, e as mudanças climáticas estão se tornando mais preocupantes a cada dia. A agricultura animal ocupa quase metade de toda a área terrestre nos Estados Unidos; simplesmente não temos terras, água ou recursos suficientes para alimentar a população em crescimento com carne, ovos e laticínios. Sim, a saúde humana é de extrema importância, mas estar saudável não tem sentido se o mundo estiver desmoronando ao nosso redor, com bilhões de outros animais não humanos que não contribuíram para causar o desastre que representam as mudanças climáticas. Chegamos a um ponto em que nós, como indivíduos, temos de assumir a responsabilidade de fazer mudanças em nosso estilo de vida que vão mitigar e possivelmente reverter as mudanças climáticas, salvar os animais e melhorar nossa própria saúde. Mas o mais emocionante é que podemos fazer isso sem sacrificar o sabor, a textura ou a satisfação de provar algo substancial, crocante, suculento e delicioso. Agora, no cenário mundial, temos magníficas alternativas à carne feitas com padrões ambientais e éticos. E, se você não gosta das opções que encontra nas prateleiras dos supermercados agora, faça as suas próprias – este livro está repleto de receitas para isso! Ou apenas espere alguns meses, porque aposto que haverá muitas outras aparecendo por aí.

Este livro apresenta receitas suculentas que utilizam muitas das novas opções disponíveis no mercado. Alguns leitores podem ter sido veganos por tanto tempo que esqueceram como cozinhar com carne, enquanto aqueles que estão explorando ou experimentando substitutos da carne plant-based podem descobrir que estes não se comportam exatamente como suas contrapartes animais e acabam frustrados. É verdade; muitos deles têm desempenho diferente. Enquanto a carne adiciona sabor aos pratos, muitos substitutos dela são mais ou menos inertes, pois não liberam sucos, desmancham-se quando cozidas por mais que alguns minutos ou simplesmente não têm umami (o quinto gosto básico do paladar humano). Embora tenham realmente avançado muito, alguns podem precisar de um pouco de delicadeza e carinho, ou algo para realçar o sabor e obter resultados satisfatórios. Por exemplo, o frango vegano pode ser muito seco e sem sabor, mas se for feito com a técnica confit, ou seja, assado em baixa temperatura por imersão em manteiga e vinho, se torna incrivelmente suculento e delicioso.

Para aqueles que se opõem à natureza processada dos substitutos de carne comerciais, mas ainda desejam algo para mastigar, dediquei um capítulo à fabricação caseira. Algumas dessas receitas contêm trigo ou soja para criar a tradicional "carne de glúten" (ou seitan), enquanto outras exploram o maravilhoso mundo dos cogumelos com textura e sabor semelhante à carne. Existem até receitas inovadoras que transformam uma mistura de leguminosas e grãos sem glúten em alimentos básicos semelhantes à carne para a sua cozinha. E, é claro, a maioria desses ingredientes pode ser usada nas receitas dos capítulos anteriores.

Como vegana há quase trinta e cinco anos, sou mais feliz me deliciando apenas com vegetais e arroz (sério, eu como de maneira muito simples!). Mas, às vezes, nada menos que uma deliciosa mistura com sabor de carne vai satisfazer. As pessoas, muitas vezes, me perguntam por que um vegano ou vegetariano teria vontade de comer carne falsa, mas a verdade é que só queremos algo substancial que seja crocante, saboroso e suculento. Não acredito que a maioria das pessoas, veganas ou até onívoras, se importe se o sabor é exatamente igual ao da carne; só queremos algo para morder e que tenha muito sabor. Espero que este livro satisfaça a esse desejo, seja com a mais recente e melhor alternativa comercial ou um "frango" suculento feito de cogumelo e preparado em sua própria cozinha. E, com habilidades culinárias, podemos salvar o mundo!

Entradas, Petiscos, Saladas e Acompanhamentos

Embora a maior parte deste livro apresente "pratos principais", que são o componente central da sua refeição, eu quis incluir um capítulo com pequenas delícias, petiscos e vegetais que antecedem ou complementam a refeição e a tornam mais festiva. Aqui você encontrará desde aperitivos divertidos até saladas inspiradoras e pratos ideais para piqueniques. Além disso, encontrará acompanhamentos vegetais tão saborosos e substanciosos que você poderia considerá-los prato principal, como o Gratinado de Couve e Linguiça (p. 32), mas que também são ótimos para acompanhar um prato principal mais leve.

Comece a refeição com os Calamari Fritti (p. 16), anéis de lula feitos de konjac, ou surpreenda seus convidados com os Petiscos de Vieiras ao Molho de Pimenta e Laranja (p. 15). Em seguida, acelere o ritmo com a Salada de Frango e Nectarinas Grelhadas com Rúcula, Amêndoas e Queijo de Ervas Frito (p. 23) ou sirva o Milho Grelhado ao Estilo Mexicano (p. 29) na sua próxima festa à beira da piscina. Na verdade, você pode montar uma refeição completa combinando vários desses pratos e dispensar o prato principal.[1]

---

[1] Ao longo do livro, há muitos ingredientes (tanto hortaliças quanto produtos industrializados) importados. Se você não encontrar os ingredientes mencionados neste livro, pode adaptar as receitas utilizando substituições de sua preferência ou disponíveis em sua região. (N. da T.)

Wraps de Alface com Camarões Apimentados ao Alho

Como aperitivo, serve 12 pessoas. Como prato principal, serve 4 pessoas

Este é um daqueles pratos incrivelmente fáceis que impressionam e pode ser feito com camarão ou frango vegano. É leve, fresco e saboroso, e você pode deixá-lo mais ou menos picante dosando o óleo chili com alho. Adoro fazer essa receita no jantar, em noites quentes de verão, pois é uma salada com arroz e proteína e tem apresentação bonita, quase como se estivesse embrulhada e arrematada com um laço.

60 gramas de macarrão de arroz vermicelli

2 colheres de sopa de óleo neutro, como girassol, canola, abacate ou semente de uva

⅓ de xícara de chalotas (menores que as cebolas e mais adocicadas e suaves) bem picadinhas

230 gramas de camarões veganos ou frango vegano ou o Frango Suculento Caseiro (p. 202), ou o Frango Assado Saboroso (p. 204), cortado em tiras ou pedaços de 1,5 cm

2 colheres de sopa de alho picadinho

2 colheres de sopa de molho de soja ou tamari

2 colheres de sopa de água

1 colher de sopa de açúcar

1 colher de sopa de saquê mirin (ver o Glossário)

1 colher de sopa de vinagre preto chinês (ver o Glossário) ou vinagre de xerez

½ a 1 colher de sopa de molho chili com alho

2 colheres de chá de óleo de gergelim torrado

2 xícaras de repolho branco ou roxo ralado, ou uma mistura dos dois

12 folhas pequenas de alface-romana ou acelga-chinesa

½ xícara de amendoim torrado sem sal picado ou ¼ de xícara de sementes de gergelim torrado

Coloque o macarrão de arroz numa tigela, cubra com água bem quente e deixe amolecer por cerca de 15 minutos.

Numa wok ou frigideira, aqueça o óleo em fogo médio-alto por cerca de 15 segundos. Adicione as chalotas e refogue por 3 a 4 minutos, até que estejam macias. Acrescente os camarões e continue cozinhando até dourarem, de 2 a 3 minutos. Enquanto isso, numa tigela ou medidor, misture o alho, o molho de soja, a água, o açúcar, o saquê mirin, o vinagre, o óleo chili com alho e óleo de gergelim, e mexa bem. Quando os camarões estiverem quentes e levemente dourados, despeje o molho e deixe ferver. Ferva por 1 minuto para suavizar o sabor do alho e deixe que aconteça a fusão de sabores. Desligue o fogo.

Escorra o macarrão, que deve estar macio, não desmanchando. Misture-o com o repolho ralado e coloque essa mistura sobre cada folha de alface. Coloque por cima de cada folha um ou dois camarões e regue com um pouco do molho. Polvilhe amendoim picado e sirva.

Arancini di Pistacchio (Bolinho de Risoto com Pistache e Presunto)

Nos Estados Unidos, os arancini, ou bolinhos de risoto frito, são servidos principalmente como aperitivos sofisticados em festas, mas, na Sicília, onde tiveram origem, são considerados comida de rua, um lanche substancial e delicioso. Talvez você já tenha experimentado esses bolinhos pequenos e delicados (do tamanho de bolas de golfe), porém na Sicília eles são bem mais robustos e podem ter desde o tamanho de uma laranja pequena até o de uma bola de beisebol ou ser feitos em formato cônico para representar o Monte Etna. Podem ser recheados com uma variedade de ingredientes, como ragu, cogumelos ou queijo, mas por que não celebrar outra especialidade siciliana, os pistaches, como recheio secreto? Nesta receita, os pistaches triturados são misturados a um molho bechamel cremoso e presunto defumado, bacon veganos ou tofu defumados, criando um recheio deliciosamente único que complementa, com perfeição, o risoto perfumado de açafrão. Sirva essas bolinhas sofisticadas em sua próxima festa ou frite algumas maiores para levar numa caminhada ou piquenique. E, se estiver evitando óleo, use uma *air fryer* – funciona *muito bem*!

É melhor que tanto o arroz quanto o recheio sejam feitos no dia anterior ou algumas horas antes, para que estejam firmes o suficiente para manusear.

RISOTO

2 colheres de sopa de azeite

⅔ de xícara de chalotas picadas

3 dentes de alho picados

Sal marinho

2 xícaras de arroz arbóreo ou carnaroli

Uma pitada generosa de açafrão

6 xícaras de caldo de galinha vegano ou caldo de legumes, quente

¼ de xícara de vinho branco

2 colheres de sopa de levedura nutricional (ver o Glossário)

Preaqueça o forno a 180 °C.

Prepare o risoto: numa panela grande de ferro fundido ou numa que possa ir ao forno, aqueça o azeite. Adicione as chalotas, o alho e uma pitada de sal, refogando até que as chalotas e o alho estejam macios, por cerca de 4 a 5 minutos. Acrescente o arroz e o açafrão e mexa por cerca de 2 minutos, até que liberem um aroma de nozes. Em seguida, adicione o caldo, o vinho e a levedura nutricional, mexendo bem. Tampe a panela e leve ao forno por 40 a 45 minutos, até que o arroz tenha absorvido a maior parte do líquido e esteja imerso num molho cremoso. O arroz não deve estar mole demais. Se preparar o risoto no forno, não no fogão, você não vai precisar mexer o tempo todo, e isso vai lhe dar tempo livre para preparar o recheio. (Claro, você também pode fazer o risoto no fogão, da maneira tradicional, adicionando um pouco de caldo aos poucos e sem parar de mexer, mas por que fazer isso se você pode "trapacear" usando o forno?) Retire o risoto do forno e despeje-o numa assadeira rasa ou em outro recipiente. Deixe esfriar um pouco, cubra e leve à geladeira para esfriar completamente e ficar firme o bastante para moldar, ou seja, pelo menos algumas horas ou durante a noite.

RECHEIO E MOLHO

1 xícara de pistaches sem casca torrados

¼ de xícara de manteiga vegana

¼ de xícara de farinha de trigo comum

2 xícaras de leite não lácteo sem açúcar ou de sabor "original", como leite de aveia ou de soja, divididas

Sal marinho e pimenta-do-reino moída na hora

120 gramas de presunto, bacon, pancetta ou tofu defumado, comprados em loja ou feitos em casa (altamente recomendados, veja nas p. 197, 199 e 200), picados grosseiramente

PARA FRITAR (PASTELLA E FARINHA DE ROSCA)

1 xícara de farinha de trigo comum

1 ½ xícara de leite não lácteo sem açúcar ou de sabor "original"

Aproximadamente 3 xícaras de farinha panko ou outra farinha de rosca seca

Óleo neutro, como o de girassol, óleo de canola, óleo de abacate ou óleo de semente de uva, para fritar em imersão.

Enquanto o risoto está na geladeira, prepare o recheio: coloque os pistaches num liquidificador e faça pulsar até obter um pó. Não bata por muito tempo, senão eles começarão a se transformar em manteiga de pistache. Derreta a manteiga numa panela em fogo baixo e adicione a farinha. Mexa com uma colher de pau por cerca de 3 minutos para formar um roux de cor bege-claro. Numa panela pequena, aqueça 1 ½ xícara de leite para que fique bem quente. Adicione o leite quente ao roux de uma só vez, aumente o fogo e use um batedor para mexer vigorosamente. A mistura deve formar um molho espesso quase imediatamente. Adicione os pistaches moídos e tempere com sal e pimenta. Numa frigideira em fogo médio, refogue rapidamente o presunto vegano e depois adicione-o à mistura de pistache. Reserve para esfriar e engrossar.

Quando o risoto e o recheio estiverem frios, molde os bolinhos: você pode fazê-los do tamanho que desejar, mas, para que fiquem com formato mais uniforme, use uma colher de sorvete ou uma colher comum. Molhe as mãos e coloque uma porção de risoto na palma da mão. Faça uma pequena cavidade no meio e adicione uma porção do recheio de pistache. Aperte para formar uma bola e envolver o recheio. Se você estiver fazendo bolinhos pequenos, a melhor maneira é usar um saco de confeiteiro com um bico de tamanho pequeno e espremer o recheio no meio do bolinho já formado e depois apertar e fechar novamente. Para fazer os bolinhos em forma de cone, formato tradicional na Sicília, você pode usar uma xícara generosa da mistura de risoto e moldá-la com as mãos. É possível colocar mais recheio neles, é claro. Existem alguns vídeos no YouTube que mostram como as *nonnas* italianas fazem isso. Você pode formar as bolinhas com antecedência e guardá-las na geladeira, cobertas, por um dia, se desejar.

Prepare-se para fritar: faça a pastella, massa simples de farinha e leite, que substitui o ovo e permite empanar os bolinhos com a farinha de rosca. Basta misturar a farinha e o leite numa tigela até obter um creme espesso e colocar a farinha de rosca em outra tigela. Mergulhe o bolinho na pastella e depois role-o na farinha de rosca. Coloque o óleo numa fritadeira, wok ou panela com pelo menos 5 cm de profundidade e aqueça em fogo alto até atingir cerca de 180 °C. Se você não tiver termômetro, uma maneira fácil de verificar se o óleo está quente o suficiente é colocar um pouco dos arancini nele: eles deverão tocar o fundo da panela e imediatamente subir à superfície de forma constante. Se permanecerem no fundo, o óleo ainda não está quente o bastante, e seus arancini ficarão oleosos e encharcados; se subirem rapidamente como um foguete, isso é sinal de que o óleo está quente demais, e eles vão queimar. Frite os arancini até dourarem por completo, por cerca de 2 a 3 minutos, depois remova-os com uma escumadeira e coloque-os sobre papel-toalha para escorrer. Se preferir, use uma *air fryer* em vez disso (faço sem adicionar óleo algum e adoro o resultado).

Agora, por fim: depois da receita pronta, vai restar um pouco de recheio e um pouco de leite. Dilua o restante do recheio com o que sobrou da ½ xícara de leite, aqueça rapidamente e sirva como molho para mergulhar os bolinhos. *Buon appetito*!

Bolinhos de Abacate, Quinoa e Bacon

Rende de 6 a 8 porções (de 16 a 20 bolinhos pequenos)

Os abacates normalmente são consumidos crus, mas adquirem sabor salgado e semelhante ao da carne quando aquecidos ou fritos. Nesta receita, eles são amassados e misturados com bacon vegano e quinoa, em seguida empanados com fubá ou farinha de arroz e rapidamente fritos na frigideira até ficarem crocantes. Você pode servi-los com um creme de pimenta-chipotle ou um creme mais leve e vibrante feito de coentro e raspas de limão, ou ambos, se quiser impressionar.

BOLINHOS

2 abacates grandes maduros

1 xícara de quinoa cozida

3 colheres de sopa de azeite

80 gramas de bacon vegano ou o Bacon de Cogumelo Eryngui (p. 197), cortado em cubinhos

1 colher de sopa de pimenta-chipotle picada em molho adobo

2 dentes de alho picados

Sal marinho

½ xícara de fubá fino ou médio

CREME DE PIMENTA-CHIPOTLE

¼ de xícara de maionese vegana

Suco de ½ limão

1 colher de chá de pimenta-chipotle picada em molho adobo

2 dentes de alho picados

Pitada de sal marinho

CREME DE LIMÃO

3 colheres de sopa de maionese vegana

3 colheres de sopa de creme azedo ou creme de leite vegano

¼ de xícara de coentro picado

½ colher de chá de raspas de limão

1 colher de sopa de suco de limão

Sal marinho e pimenta-do-reino moída na hora

Faça os bolinhos: forre uma assadeira com papel-manteiga. Corte os abacates ao meio e retire a polpa, passando-a para uma tigela. Amasse bem com um garfo. Adicione a quinoa cozida. Numa frigideira pequena, aqueça 1 colher de sopa de azeite em fogo médio, adicione o bacon e frite até dourar, de 2 a 3 minutos. Adicione o abacate e a quinoa. Acrescente a pimenta-chipotle e o alho, tempere com sal e misture bem. Modele a mistura em bolinhos pequenos, do tamanho de uma colher de sopa cheia, e coloque na assadeira preparada. Coloque a assadeira no freezer por cerca de 20 minutos ou na geladeira por cerca de 1 hora, até os bolinhos ficarem firmes o suficiente para manusear.

Enquanto os bolinhos estão na geladeira, faça um dos cremes: para o creme de pimenta-chipotle, misture numa tigela a maionese com o suco de limão, a pimenta, o alho e o sal. Para o creme de limão, misture em outra tigela a maionese, o creme azedo, o coentro, as raspas de limão, o suco de limão e sal e pimenta a gosto.

Frite os bolinhos: coloque o fubá numa tigela e empane os bolinhos delicadamente. Aqueça as 2 colheres de sopa restantes de azeite numa frigideira, de preferência antiaderente, e frite os bolinhos em fogo médio por 2 a 3 minutos de cada lado, até dourarem. Como são delicados e a crosta ajuda a evitar que se desfaçam, só os vire na frigideira quando um lado já estiver crocante e dourado. Se for servi-los como petisco, deixe que esfriem por alguns minutos para facilitar o manuseio. Caso contrário, sirva-os em seguida num prato para comer com o auxílio de um garfo. Cubra cada um com um pouco do creme de pimenta-chipotle ou de limão e aproveite.

Variação

Bolinhos Crocantes Empanados com Arroz: você pode usar farinha de arroz em vez de fubá para empanar os bolinhos se preferir um sabor mais neutro. Coloque ½ xícara de arroz num liquidificador e bata até obter um pó de textura arenosa. Não precisa ficar liso como farinha, mas evite deixar pedaços grandes de arroz.

Petiscos de Vieiras ao Molho de Pimenta e Laranja

Rendimento: cerca de 12 porções

Se você pretende servir um verdadeiro *amuse-bouche* num jantar, ou seja, um tira-gosto que vai surpreender o paladar e apenas aguçar o apetite em vez de saciá-lo, então não procure mais, porque já encontrou estas vieiras apimentadas. Feitas com cogumelos eryngui selados e regados com um molho de inspiração tailandesa, elas são convincentes (realmente têm a aparência e a textura de vieiras do mar) e divertidas, em especial quando servidas individualmente em colheres asiáticas.

Você também pode deixar de lado a parte do entretenimento e preparar um ótimo prato de massa para dois: cozinhe as vieiras conforme indicado, mas cozinhe o molho por apenas 1 minuto no final; em seguida, adicione o macarrão soba, arroz ou macarrão tipo *glass noodle* (feito de fécula de batata-doce), com um punhado de coentro e hortelã picados, e misture bem. Sirva salpicado com amendoim.

250 gramas de cogumelos Eryngui grandes (corte os chapéus onde começam as lamelas e reserve-os para outro uso)

Raspas de casca de 1 laranja-baía e 2 colheres de sopa do suco dessa fruta

2 colheres de sopa de vinagre de arroz

1 colher de sopa de molho de soja ou tamari

2 colheres de chá de molho de peixe vegano (ver o Glossário)

2 colheres de chá de açúcar

1 colher de chá de gengibre fresco ralado no ralo fino

1 dente de alho ralado

Molho de pimenta agridoce, com pimentas cortadas em fatias muito finas

1 colher de sopa de óleo neutro, como o de girassol, canola, abacate ou semente de uva

2 colheres de chá de óleo de gergelim torrado

1 colher de chá de amendoim torrado bem picadinho

Com uma faca pequena e afiada, faça cortes com cerca de 3 mm de profundidade ao longo do caule dos cogumelos. Faça mais quatro cortes a intervalos regulares ao redor do caule. (Desse modo, o cogumelo encolherá durante o cozimento e ficará com bordas irregulares, adquirindo textura semelhante à de uma vieira do mar.) Corte os caules em rodelas de cerca de 2 cm de espessura. (Você obterá cerca de 3 fatias por cogumelo, dependendo do tamanho.)

Numa tigela pequena, misture as raspas e o suco de laranja, o vinagre, o molho de soja, o molho de peixe, o açúcar, o gengibre, o alho e cerca de ¾ das fatias de pimenta. Reserve.

Aqueça uma frigideira antiaderente grande em fogo alto. Adicione o óleo neutro e o de gergelim. Quando o óleo estiver perfumado, reduza o fogo para médio e adicione as vieiras com o lado plano para baixo e frite por cerca de 3 minutos, até dourarem bem. Vire as vieiras e frite por mais 3 minutos; em seguida, adicione a mistura de suco de laranja e deixe por mais 2 minutos, ou até que o molho tenha reduzido para uma calda. Depois cubra as vieiras, mexendo o molho de vez em quando na frigideira.

Transfira delicadamente as vieiras para um prato (ou para colheres de servir individuais), cubra com a calda restante, polvilhe com amendoim e as fatias de pimenta reservadas e sirva.

Calamari Fritti

Serve de 4 a 6 pessoas

Você poderia facilmente comer um monte destes anéis de lula de uma só vez. Minha versão vegana de Calamari Fritti é com konnyaku, alimento tradicional japonês feito de inhame (*Dioscorea spp.*), rico em fibras e que praticamente não tem calorias quando cru. O konnyaku branco é gelatinoso e flexível e se assemelha muito à lula (o konnyaku cinza tem o mesmo sabor, mas não se parece com a lula); por isso, se você é uma pessoa sensível, pode achar essa semelhança um pouco perturbadora. Você vai encontrar konnyaku na seção de produtos refrigerados das mercearias de produtos orientais, mas também incluí uma receita na p. 221 para que você possa fazer o próprio konnyaku, que tem até leve sabor de peixe. O konnyaku desempenha papel fundamental não apenas na receita de Calamari Fritti, mas também é o protagonista na da Adorável Lagosta (p. 219).

Se você não se importa com a aparência e só quer o sabor da lula, pode cortar o konnyaku da maneira que preferir. Para fazer os anéis tradicionais, você vai precisar de alguns cortadores pequenos em formato de anel, um deles com diâmetro cerca de 1,5 cm menor que o outro. Para não haver desperdício, guarde as aparas para fazer a receita da Adorável Lagosta ou apenas frite as partes restantes. Uma alternativa é simplesmente cortá-los em tiras. Eles terão o mesmo sabor, de qualquer maneira.

O konnyaku é vendido em barras de cerca de 2,5 cm de espessura. Nesse caso, precisará ter cerca de 1,5 cm de espessura, por isso você vai precisar cortá-lo longitudinalmente antes de cortá-lo de novo em fatias. Se estiver fazendo o próprio konnyaku para este prato, despeje-o na forma na espessura desejada para que não precise cortá-lo ao meio.

500 gramas de konnyaku branco comprado pronto ou caseiro (p. 221)

⅓ de xícara de molho de peixe vegano (ver o Glossário)

¾ de xícara de farinha de trigo ou semolina

¼ de xícara de fubá fino ou semolina adicional

½ colher de chá de sal marinho

2 colheres de sopa de semente de linhaça moída

½ xícara de água

Óleo de canola ou de abacate para fritar

Fatias de limão para servir

Corte o konnyaku como desejar. Se quiser os anéis tradicionais, use dois cortadores redondos, no formato de anel (por exemplo, um de 5 cm, e outro de 6,5 cm). Corte os anéis de modo a desperdiçar o mínimo possível, mas, se optar por esse formato, você terá sobras e menos calamari. Claro, você pode fritar também as partes do meio dos anéis, bem como as aparas, se não se importar com a aparência. Ou pode simplesmente cortar o konnyaku em fatias de 1,5 cm de espessura e pronto. A escolha é sua.

Coloque o konnyaku numa tigela e adicione o molho de peixe. Deixe marinar, tampado, na geladeira por pelo menos 30 minutos ou até 24 horas. Quando for fritar, misture numa tigela a farinha, o fubá e o sal e use um *fouet* para misturar bem. Em outra tigela, misture a semente de linhaça moída e a água e deixe descansar por alguns minutos para fazer um "ovo" de linhaça. Passe os pedaços de konnyaku na mistura de farinha e reserve-os num prato por alguns minutos enquanto prepara o óleo.

Despeje o óleo numa fritadeira profunda, wok ou panela, a uma profundidade de 5 cm, e aqueça em fogo médio-alto até atingir 190 °C. Agora, mergulhe os pedaços de konnyaku revestidos na mistura de "ovo" de linhaça e, em seguida, passe-os novamente na mistura de farinha. Frite os pedaços no óleo, tendo cuidado para não encher demais a panela, até que fiquem dourados, por cerca de 2 a 3 minutos. Escorra em papel-toalha.

Sirva com fatias de limão.

Variação

Calamari Fritti Sem Glúten: use 1 xícara de farinha de arroz ou ¾ de xícara de farinha de arroz e ¼ de xícara de fubá no lugar da farinha ou semolina.

Guioza de Carne de Porco, Shitake e Cebolinha

Rende cerca de 30 unidades

Você está convidado a descobrir e experimentar o prazer de preparar e saborear o dim sum, pequenos pratos tradicionais da culinária chinesa, com esses deliciosos guiozas feitos com Porco Chinês. Fritos na frigideira e cozidos no vapor, ou cozidos em caldo, essas pequenas delícias são ótimos aperitivos ou podem ser o prato principal de uma refeição ao estilo oriental.

300 gramas de "porco vegano" ou o Tender vegano (p. 191), cortado em cubos

2 xícaras de cebolinha picada (com as partes branca e verde-clara), aproximadamente 2 maços

120 gramas de cogumelos shitake frescos (2 xícaras), cortados em cubos e sem os talos

Aproximadamente ½ xícara de água

2 dentes de alho picados

2 colheres de chá de molho de soja ou tamari, e mais para servir

1 colher de chá de óleo de gergelim torrado

30 a 35 discos de massa para guioza veganos

2 colheres de sopa de óleo neutro, como o de girassol, canola, abacate ou semente de uva

Óleo de pimenta e vinagre preto chinês (ver o Glossário) para servir

Numa tigela, misture a "carne de porco" e as cebolinhas. Coloque os cogumelos shitake numa frigideira, adicione de 2 a 3 colheres de sopa de água e frite rapidamente em fogo médio-alto até que a água evapore e os cogumelos fiquem macios. Adicione os cogumelos à tigela e misture o alho, o molho de soja e o óleo de gergelim.

Agora, modele os guioza: prepare uma pequena tigela de água para umedecer o dedo. Pegue um disco de massa e coloque cerca de 2 colheres de chá do recheio no centro. Umedeça o dedo na água e passe-o ao redor da borda da massa. Dobre a massa sobre o recheio e pressione as bordas para selar. Rapidamente, junte as laterais, dobrando e formando pequenas pregas para manter o recheio intacto. Reserve num prato ou assadeira seca. Repita o processo com o restante do recheio e das massas.

Para fritar os guioza, aqueça uma frigideira grande com tampa em fogo médio-baixo e adicione o óleo. Coloque os guioza na frigideira, sobrepondo-os levemente. Frite por cerca de 4 a 5 minutos até que o fundo fique dourado. Agora, despeje cerca de ¼ de xícara de água na frigideira e tampe imediatamente para permitir que cozinhem no vapor, por cerca de 3 minutos, até que a massa fique brilhante e úmida. O vapor é o que vai cozinhar a massa (que precisa de água ou vapor). Teste um pedaço para verificar se está cozido; se estiver duro, adicione um pouco mais de água e cozinhe no vapor por mais um ou dois minutos, até que ele fique macio.

Sirva com molho de soja, um pouco de óleo de pimenta e um pouco de vinagre preto chinês.

Variação

Sopa de Wonton (serve 4 pessoas): em vez de fritar os guioza numa frigideira, aqueça de 3 a 4 xícaras de caldo até ferver. Adicione cerca de 1 colher de chá de molho de soja e algumas fatias de gengibre fresco e cozinhe-os no caldo por 3 a 4 minutos. Acrescente 2 xícaras de verduras macias, como espinafre ou brócolis, e continue a cozinhar por mais 1 minuto, ou até que as verduras murchem. Adicione cebolinhas fatiadas e algumas gotas de óleo de gergelim torrado e sirva.

Salada Gelada de Gergelim com Frango

Serve de 4 a 6 pessoas

Os japoneses adoram combinar sabores e ideias do Ocidente (como a salada, algo desconhecido no Japão até as últimas décadas) com ingredientes nipônicos, por isso uma salada de macarrão soba com legumes e um pouco de proteína é algo natural para eles. Esta receita pode marinar por horas e ser servida em festas ou piqueniques como refeição principal, aperitivo ou salada. Embora o macarrão soba, de trigo sarraceno, seja tradicional, sinta-se à vontade para usar sobras de espaguete. Se você conseguir encontrar carne de caranguejo vegana, use-a para ter uma experiência ainda mais exótica.

SALADA

180 gramas de macarrão soba, de trigo sarraceno, ou outro tipo de macarrão (cerca de 2 xícaras bem cheias de macarrão cozido)

1 colher de sopa de óleo neutro, como o de girassol, canola, abacate ou de semente de uva

300 gramas de frango vegano ou o Frango Suculento Caseiro (p. 202); ou o Frango Assado Saboroso (p. 204); ou carne de caranguejo vegana em fatias finas

1 xícara de edamame (soja verde) sem casca, fresco ou congelado

1 xícara de ervilhas-tortas ou ervilhas-de-cheiro

2 xícaras cheias de couve picadinha

1 maço de cebolinha (com as partes branca e verde-clara) em fatias finas

1 cenoura grande, ralada

¼ de xícara de sementes de gergelim preto

MOLHO

½ xícara de sementes de gergelim branco

½ xícara de óleo neutro, como o de girassol, canola, abacate ou semente de uva

¼ de xícara de molho de soja ou tamari

3 colheres de sopa de vinagre de arroz

3 colheres de sopa de óleo de gergelim torrado

2 colheres de sopa de saquê mirin (ver o Glossário)

2 colheres de sopa de xarope de bordo

Faça a salada: cozinhe o macarrão de acordo com as instruções da embalagem. Escorra bem e passe pela água fria para esfriar. Corte grosseiramente o macarrão em pedaços de cerca de 15 cm de comprimento (não é necessário que o corte seja preciso. Apenas coloque o macarrão numa tábua de cortar e corte-o duas ou três vezes). Transfira-o para uma tigela grande de salada.

Enquanto o macarrão estiver cozinhando, aqueça o óleo numa frigideira antiaderente em fogo médio e frite o frango até dourar, o que pode levar de 2 a 5 minutos, dependendo da marca. Coloque-o na tigela com o macarrão.

Coloque o edamame na mesma panela do macarrão, agora vazia, cubra com água e leve para ferver. Cozinhe por 2 a 3 minutos. Adicione as ervilhas e cozinhe por mais 30 segundos, depois escorra e esfrie sob água corrente. Coloque o edamame e as ervilhas na tigela com o macarrão. Acrescente a couve, as cebolinhas e a cenoura na tigela.

Na frigideira, torre as sementes de gergelim preto em fogo médio até começarem a estourar. Retire do fogo e reserve.

Prepare o molho: torre as sementes de gergelim branco numa frigideira em fogo médio até começarem a estourar. Coloque os demais ingredientes do molho no liquidificador e bata por alguns segundos. Adicione as sementes de gergelim branco torradas e bata novamente por alguns segundos para triturá-las, mas sem que se desintegrem completamente. Despeje cerca de 1 xícara do molho sobre a salada e misture bem, adicionando mais, se preferir (guarde o molho restante num frasco na geladeira; ele dura até 2 semanas).

Deixe a salada na geladeira até a hora de servir. É melhor deixá-la descansar por, no mínimo, 30 minutos. Polvilhe as sementes de gergelim preto por cima da salada pouco antes de servir.

Salada de Frango e Nectarinas Grelhadas com Rúcula, Amêndoas e Queijo de Ervas Frito

Serve 4 pessoas

No auge do verão, você quer uma salada que satisfaça, mas que também tenha os sabores mais marcantes da estação. Comece com as melhores nectarinas frescas que você puder encontrar (aquelas maduras, mas ainda não muito macias) e grelhe-as com o frango vegano para fazer uma salada de rúcula finalizada com amêndoas crocantes. Sirva a salada como está ou adicione queijo de ervas frito (receita a seguir) se estiver procurando algo mais requintado. Prepare o queijo enquanto a grelha aquece.

FRANGO E NECTARINAS GRELHADAS

¼ de xícara de vinho branco seco

¼ de xícara de azeite extravirgem, mais um pouco para pincelar na grelha

Raspas e suco de 1 limão grande

1 colher de chá de mostarda Dijon

1 dente de alho ralado

½ colher de chá de sal kosher

¼ de colher de chá de pimenta-do-reino moída na hora

300 gramas de frango vegano ainda congelado; ou o Frango Suculento Caseiro (p. 202); ou o Frango Assado Saboroso (p. 204)

2 nectarinas grandes e maduras, sem caroço e cortadas em 8 fatias

VINAGRETE

2 colheres de sopa de vinagre de xerez

1 colher de chá de xarope de bordo

½ colher de chá de mostarda Dijon

Sal kosher e pimenta-do-reino moída na hora

½ xícara de azeite extravirgem

Primeiro, marine o frango: numa tigela grande e rasa, misture o vinho, o azeite de oliva, as raspas e o suco de limão, a mostarda, o alho, o sal e a pimenta, até obter uma mistura homogênea. Adicione o frango, virando para cobri-lo uniformemente, e deixe-o descansar, coberto, em temperatura ambiente, por cerca de 1 hora, virando-o de vez em quando, até que descongele por completo.

Faça o vinagrete: numa tigela pequena, misture o vinagre, o xarope de bordo, a mostarda, o sal e a pimenta a gosto. Enquanto bate, adicione o azeite em fio sem parar, até que esteja totalmente incorporado. Reserve. (O vinagrete pode ser preparado com antecedência e deixado na geladeira, coberto, até o momento de usar.)

Aqueça uma grelha a gás ou carvão em fogo médio-alto (cerca de 200 °C).

Limpe a grelha com uma escova e pincele com óleo. Retire o frango da marinada, deixando qualquer excesso escorrer na tigela, e grelhe por 2 minutos de cada lado (virando com cuidado), ou até que esteja bem marcado dos dois lados. Transfira as fatias de nectarina para a marinada, vire-as para envolver todas as fatias e adicione-as também à grelha, grelhando por 2 a 3 minutos de cada lado, até que estejam bem marcadas e começando a ficar macias. (Você também pode grelhar o frango e as nectarinas numa frigideira própria para grelhar em fogo alto.) Transfira o frango e as nectarinas para um prato para descansar.

A RECEITA CONTINUA ➡

SALADA

120 gramas de baby rúcula (cerca de 4 xícaras compactas)

½ xícara de amêndoas fatiadas torradas

2 cebolinhas grandes inteiras (com as partes branca e verde-clara), cortadas em fatias finas

1½ xícara de queijo de ervas frito (opcional; receita a seguir)

Faça a salada: numa tigela, misture a rúcula, as amêndoas e a cebolinha-verde com o vinagrete a gosto. Corte cada peito de frango ao meio no sentido do comprimento e, em seguida, em tiras de aproximadamente 1 cm. Adicione o frango e as nectarinas à salada e misture delicadamente. Coloque a salada em quatro pratos e sirva em seguida, cobrindo com o queijo de ervas frito.

Queijo de Ervas Frito

Rende cerca de 1½ xícara

Meus queijos redondos com ervas sempre foram um sucesso nas tábuas de queijos, mas também derretem bem e têm sabor ainda melhor quando estão meio derretidos e cremosos. É por isso que, quando você corta os queijos em pequenos triângulos, cobre-os com farinha de rosca e os salteia na manteiga até ficarem crocantes, eles se tornam o complemento perfeito para uma salada verde simples ou para a minha Salada de Frango e Nectarinas Grelhadas com Rúcula, Amêndoas e Queijo de Ervas Frito (p. 23). Esses queijos artesanais são caros; por isso, se preferir um caseiro, experimente fazer o Queijo Paneer Caseiro.

180 gramas de queijo vegano de qualquer sabor; ou o Queijo Paneer Caseiro (p. 225)

¼ de xícara de mistura de ovos mexidos vegana ou ¼ de xícara de água mais 2 colheres de chá de semente de linhaça moída, para fazer um "ovo" de linhaça

½ xícara de farinha de rosca estilo italiano

2 colheres de sopa de manteiga vegana

Corte o queijo redondo em oito fatias iguais. Se estiver fazendo um ovo de linhaça, misture a água e a linhaça moída numa tigela, mexa e deixe descansar por 2 a 3 minutos para engrossar um pouco. Coloque o ovo e a farinha de rosca em tigelas separadas. Pegando uma fatia por vez, mergulhe o queijo primeiro no ovo, virando delicadamente para revestir todos os lados, e depois na farinha de rosca, garantindo que o ovo esteja completamente coberto. Reserve o queijo preparado.

Aqueça uma frigideira pequena antiaderente em fogo médio. Adicione 1 colher de sopa de manteiga. Quando estiver totalmente derretida, adicione as fatias de queijo e frite por cerca de 1 minuto de cada lado, até dourar e ficar crocante (cerca de 5 minutos no total), adicionando, a cada virada, um pouco da colher de sopa restante de manteiga na frigideira, para garantir que o recipiente não fique seco. Quando todos os lados do queijo estiverem dourados (não se esqueça de dourar também a borda menor), transfira as fatias delicadamente para um prato e reserve. (Elas estarão bem macias.) Sirva quente.

Salada Coob Vegana com Molho Buffalo

Serve 4 pessoas

Se você faz questão de mostrar como é bom comer sem produtos de origem animal, aqui está uma salada notável que se encaixa perfeitamente num almoço entre amigos ou numa grande reunião familiar.

MOLHO

½ xícara de maionese vegana

¼ de xícara de azeite extravirgem

3 colheres de sopa de vinagre de maçã

2 colheres de sopa de levedura nutricional (ver o Glossário)

2 colheres de sopa de creme azedo vegano, ou creme de leite vegano

1 colher de sopa de endro fresco picado

4 cebolinhas (com as partes branca e verde-claras), picadinhas

1 dente de alho ralado

Sal kosher e pimenta-do-reino moída na hora

SALADA

4 colheres de sopa de manteiga vegana derretida

¼ de xícara de molho picante vegano para asinhas de frango

300 gramas de tofu seda (variedade de tofu macio)

¼ de colher de chá de sal negro (kala namak; ver o Glossário)

300 gramas de bacon vegano comprado pronto ou o Bacon de Cogumelo Eryngui (p. 197)

1 cabeça de alface-romana (cerca de 340 gramas)

280 gramas de frango vegano comprados prontos, cozidos de acordo com as instruções da embalagem; ou o Frango Suculento Caseiro (p. 202); ou o Frango Assado Saboroso (p. 204)

2 abacates maduros, fatiados

290 gramas de tomates-cereja, cortados ao meio

Prepare o molho: numa tigela pequena, misture com um *fouet* a maionese, o azeite, o vinagre, a levedura nutricional, o creme azedo, o endro, as cebolinhas e o alho, até obter um molho espesso e homogêneo. Tempere com sal e pimenta e reserve.

Prepare a salada: numa tigela média, misture a manteiga derretida e o molho picante. Reserve este molho Buffalo para esfriar um pouco.

Numa frigideira antiaderente pequena, amasse o tofu em pedaços pequenos, em fogo médio. Frite por cerca de 2 minutos, mexendo, e depois escorra o líquido e transfira o conteúdo para um prato forrado com papel-toalha. A ideia aqui é tirar a água do tofu e firmá-lo para que se assemelhe à textura de claras de ovos, sem precisar dourar. Polvilhe o tofu com sal negro e misture delicadamente. Frite o bacon de acordo com as instruções da embalagem, em seguida pique-o.

Corte a alface e o frango em pedaços que caibam na boca. Arrume a alface, os abacates, os tomates e o bacon numa travessa grande. Logo antes de servir, envolva o frango no molho Buffalo e adicione-o à travessa. Cubra a salada com o tofu e sirva em seguida, acompanhada do molho ou regada com ele.

Couve-de-Bruxela Assadas com Bacon e Vinagre Balsâmico

Serve de 4 a 6 pessoas

Dizer que essas couves-de-bruxelas doces e crocantes requerem duas formas de cozimento é um pouco enganador. Mas é verdade que, com esse cuidado, você vai obter o melhor dos dois métodos de cozimento: a vapor cozinha as couves por completo, fazendo com que o centro fique macio e cremoso, e, em seguida, o calor intenso do forno faz com que as partes externas fiquem douradas, quase tostadas, e repletas de sabor. Combinados com pedaços crocantes e mastigáveis de bacon, que caramelizam na frigideira com o vinagre balsâmico, essas couves-de-bruxelas são o acompanhamento perfeito para o Tender vegano (p. 191) ou o Bife Hasselback com Molho Chimichurri de Vinagre Balsâmico (p. 116), mas sou do tipo que come o prato inteiro sozinha no almoço. Se você estiver usando o Bacon de Cogumelo Eryngui, certifique-se de deixá-lo bem crocante para isso!

460 gramas de couves-de-bruxelas médias, com as pontas aparadas, mas inteiras

1 xícara de Bacon de Cogumelo Eryngui (de preferência; p. 197) ou 85 gramas de bacon vegano cortado em pedaços de cerca de 6 mm

2 colheres de sopa de azeite extravirgem

Sal kosher e pimenta-do-reino moída na hora

2 colheres de sopa de vinagre balsâmico

Sal marinho em flocos para servir

Posicione a grade do forno na posição intermediária e preaqueça a 280 °C.

Prepare uma panela média ou grande para o cozimento a vapor: encha a panela com cerca de 2,5 cm de água e coloque uma cesta para cozimento a vapor dentro dela. (A água não deve ultrapassar o nível da cesta.) Leve para ferver em fogo alto e adicione as couves-de-bruxelas, cubra, reduza o fogo e cozinhe no vapor por 10 minutos. Transfira as couves para uma assadeira e deixe esfriar por cerca de 5 minutos, até que as folhas externas comecem a parecer secas.

Se estiver usando bacon caseiro, besunte as couves no azeite com as mãos, até que fiquem bem revestidas, e tempere generosamente com sal kosher e pimenta-do-reino. Se estiver usando bacon comprado pronto, misture o azeite e o bacon numa frigideira pequena, em fogo médio-alto. Frite por cerca de 3 minutos, mexendo sempre, até que o bacon comece a ficar crocante. Escorra o bacon numa peneira sobre as couves que estão esfriando, para que o azeite com aroma de bacon as cubra, e reserve o bacon. A partir daqui, siga o mesmo procedimento do bacon caseiro.

Asse as couves-de-bruxelas regadas com azeite por 10 minutos; em seguida, adicione o bacon reservado e despeje o vinagre por toda a assadeira. Chacoalhe o recipiente para agitar as couves e distribuir o vinagre; em seguida, asse por mais 3 minutos, ou até que o bacon fique crocante e as couves fiquem bem douradas e macias no centro. Coloque as couves num prato de servir, cubra com todo o bacon, salpique sal marinho em flocos e sirva em seguida.

Endívias na Manteiga com Gremolata de Bacon

Serve de 4 a 6 pessoas

Apenas os franceses conseguiriam preparar folhas verdes na manteiga e apresentá-las como acompanhamento virtuoso. Mas eles conseguem, e eu também: se você cozinhar lentamente as endívias na manteiga vegana, elas adquirem textura cremosa e sedosa, muito diferente da versão crua. Ficam menos amargas e mais saborosas. Sirva para acompanhar o Boeuf Bourguignon (p. 102), o Coq au Vin (p. 114) ou o Rocambole de Brisket com Duxelles e Demi--Glace de Trufas (p. 131).

A gremolata é tipicamente uma mistura de salsinha, limão e alho, servida com moderação sobre pratos de carne, mas aqui, com o bacon como centro das atenções, ela é adicionada de forma mais generosa. Você também pode experimentar polvilhar a gremolata sobre batatas assadas, feijão-verde cozido no vapor ou torradas de abacate.

6 endívias (cerca de 450 gramas), cortadas ao meio no sentido do comprimento

Sal kosher e pimenta-do-reino moída na hora

6 colheres de sopa de manteiga vegana, cortada em pedaços do tamanho de uma colher de sopa

2 colheres de sopa de azeite extravirgem

½ xícara de Bacon de Cogumelo Eryngui (de preferência caseiro; p. 197) ou bacon vegano

1 dente de alho grande, ralado

½ xícara de salsinha fresca picadinha

1 colher de chá de raspas e suco de 1 laranja-baía

1 colher de chá de raspas e suco de 1 limão médio

Tempere as endívias com sal e pimenta nos lados cortados.

Numa frigideira antiaderente e grande o suficiente para acomodar todas as endívias com os lados cortados para baixo (uma frigideira de 30 cm seria o ideal), derreta 4 colheres de sopa de manteiga em fogo médio. Quando a manteiga espumar, adicione todas as endívias uma ao lado da outra, com os lados cortados para baixo. Coloque os 2 pedaços restantes de manteiga por cima, tampe e frite por 10 minutos. Remova a tampa, aumente o fogo e frite por mais 3 minutos, ou até que os lados cortados estejam dourados. Transfira as endívias com cuidado para uma travessa de servir, com os lados dourados para cima. (Deixe escorrer o excesso de manteiga antes de transferir as endívias para a travessa).

Enquanto as endívias fritam, faça a gremolata: aqueça uma frigideira antiaderente pequena em fogo médio. Se estiver usando bacon caseiro, adicione o bacon e o alho e frite, mexendo por 1 minuto, para aquecer e amenizar o sabor do alho; se estiver usando bacon comprado pronto, frite apenas o bacon por cerca de 3 minutos, mexendo com frequência, até que ele comece a ficar crocante. Adicione o alho e frite por 1 minuto. Para ambas as versões, transfira a mistura para uma tigela forrada com papel-toalha, depois para uma tigela pequena, e misture o bacon, a salsinha e as raspas da laranja e do limão. Tempere com sal e pimenta.

Quando as endívias estiverem prontas, polvilhe a gremolata por cima e sirva em seguida, regando generosamente com suco de laranja e suco de limão ao redor da travessa.

Milho Grelhado ao Estilo Mexicano

Serve 4 pessoas

Para aqueles que não o conhecem, o milho grelhado ao estilo mexicano, ou elote, pode ser surpreendente. Em vez de apenas passar manteiga no milho e talvez polvilhar um pouco de sal, muitos vendedores ambulantes ao sul da fronteira dos Estados Unidos o cobrem com maionese e depois com uma mistura de cotija (queijo mexicano esfarelado), pimenta em pó, coentro picado e, às vezes, um toque de limão. Em casa, essa receita é uma ótima maneira de transformar um simples acompanhamento em prato principal. Minha versão vegana é semelhante, usando queijo feta vegano, uma pitada de cominho para dar sabor terroso e um pouco do que chamo de "chouriço em pó", para dar um toque de calor e sabor semelhante à carne. A versão em salada é ótima quando servida com os tamales da p. 125.

Você também pode transformar o milho grelhado numa deliciosa salada quente; basta tirar os grãos da espiga com uma faca, transferi-los para uma tigela pequena e misturá-los com maionese temperada. Dobre a quantidade de queijo feta e coentro e misture esses dois ingredientes à salada no final, com o chouriço em pó.

4 espigas descascadas (pode ser o milho branco ou amarelo)

1 a 2 colheres de sopa de azeite de oliva extravirgem para pincelar as espigas

Sal kosher e pimenta-do-reino moída na hora

¼ de xícara de maionese vegana

½ colher de chá de pimenta em pó, como a chipotle ou a pimenta-poblano

½ colher de chá de cominho em pó

¼ de xícara de queijo feta vegano picadinho

1 colher de sopa de coentro fresco picadinho

2 colheres de sopa de chouriço em pó (receita a seguir)

4 fatias de limão

Aqueça uma churrasqueira a gás ou carvão até cerca de 200 °C. Pincele o milho com azeite de oliva e tempere levemente com sal e pimenta. Limpe as grelhas da churrasqueira com escova própria e coloque as espigas. Asse-as por 8 a 10 minutos, virando-as a cada poucos minutos, até que os grãos estejam cozidos por completo e levemente dourados em alguns pontos. (Você também pode grelhar o milho numa chapa no fogão em fogo alto.)

Enquanto o milho está na grelha, misture numa tigela pequena a maionese, a pimenta em pó, o cominho e 1 colher de chá de sal. Usando as costas de uma colher, espalhe uma colherada generosa da maionese temperada nas espigas de milho quente. (Não tem problema se você tiver que usar as mãos.) Disponha as espigas numa travessa, polvilhe com o queijo, o coentro e o chouriço em pó e tempere com um pouco mais de pimenta. Sirva em seguida com as fatias de limão. Se sobrar milho, corte os grãos da espiga e leve à geladeira para usar em saladas, burritos ou tigelas de arroz.

A RECEITA CONTINUA ➤

Chouriço em Pó

Rende ½ xícara

Se você fritar o chouriço de soja, ele se transformará em deliciosos pedacinhos crocantes – como uma versão mexicana de bacon. Além de usá-lo no milho da receita anterior, você pode polvilhá-lo sobre metades de abacate, como lanche, ou usá-lo como cobertura de ovos mexidos.

2 colheres de sopa de azeite extravirgem

170 gramas de chouriço vegano

Aqueça uma frigideira antiaderente em fogo médio. Adicione o azeite e, em seguida, o chouriço. Frite, mexendo e desfazendo a carne, por 10 minutos, ou até que o chouriço esteja bem cozido e começando a desmanchar. Reduza o fogo para o mínimo e frite por mais 10 minutos, mexendo e continuando a desfazer a carne, até que o chouriço esteja seco. Transfira para um prato forrado com papel-toalha para escorrer e depois transfira para outro papel-toalha. Dobre as bordas do papel-toalha sobre a carne e esfregue suavemente para que ela se desfaça em pedaços ainda menores. Use em seguida ou guarde na geladeira, coberto, por até 3 dias. Quando quiser servi-lo, aqueça no micro-ondas por cerca de 30 segundos antes de usar.

Gratinado de Couve e Linguiça

Serve de 4 a 6 pessoas

Bom tempo no forno confere a este gratinado de couve textura crocante por fora e sabor doce e intenso por dentro – é a combinação das diferentes texturas que faz com que ele adquira esse sabor. Quando você fizer uma grande pilha de couves na assadeira, pode parecer que talvez não caibam todas. Mas confie, pois o forno vai reduzir a couve enquanto você faz outra coisa, por exemplo, preparar um acompanhamento, como o Bolo de Carne para o Domingo à Noite (p. 46) ou o Frango Assado de Rotisseria (p. 44).

1 xícara de queijo parmesão vegano

¾ de xícara de leite de aveia sem açúcar ou de sabor "original"

1 lata (400 ml) de creme de coco sem açúcar

¾ de xícara de cream cheese vegano comum

2 colheres de chá de amido de milho

½ colher de chá de sal kosher

¼ de colher de chá de pimenta-do-reino moída na hora

1 pitada de noz-moscada ralada na hora

3 maços de couve (qualquer mistura de couve vermelha, verde ou toscana servirá), sem os talos e cortados em pedaços de 5 cm

2 linguiças italianas veganas (cerca de 200 gramas), cortadas ao meio no sentido do comprimento e depois em meias-luas de 5 mm (no caso de linguiças "cruas", será necessário cozinhar antes, de acordo com as instruções da embalagem)

2 colheres de sopa de pinholes torrados (ver a Observação)

Preaqueça o forno a 190 °C. Coloque um refratário oval de 30 cm (ou similar) numa assadeira e reserve.

Numa tigela grande, misture o queijo parmesão, o leite de aveia, o creme de coco, o cream cheese, o amido de milho, o sal, a pimenta e a noz-moscada, até obter uma mistura homogênea; você precisará misturar um pouco mais o creme de coco. Adicione a couve e envolva-a na mistura até que todas as folhas estejam cobertas. (As mãos funcionam melhor aqui!) Acrescente a linguiça e misture. Transfira tudo para o refratário, pressionando a couve para que caiba. Asse por 45 minutos ou até que o líquido esteja borbulhando e a couve de cima esteja bem dourada e crocante. Cubra com os pinholes torrados e sirva quente ou em temperatura ambiente.

Observação: se você não encontrar pinholes torrados, coloque pinholes crus numa frigideira, em fogo baixo, por 2 a 3 minutos, até ficarem levemente dourados e com aroma de nozes.

Bifes de Couve-flor Assada com Vinagrete de Chouriço Picante

Serve 4 pessoas

Os bifes de couve-flor estão na moda e parecem ser uma preferência tanto dos veganos quanto dos onívoros. Quando a couve-flor é assada, o calor carameliza sua doçura e concentra seu sabor, e, quando é coberta com um vinagrete de chouriço picante, os pedaços saborosos e apimentados de chouriço de soja se alojam entre seus floretes, fazendo com que cada mordida seja uma explosão de sabor. Sirva como acompanhamento para o Bife Suculento Grelhado na Brasa (p. 180), ou até mesmo para um macarrão com queijo, ou como prato principal, sobre grãos de quinoa ou arroz com feijão (e talvez um pouco de salsinha e abacate fatiado).

1 couve-flor (em torno de 1 kg)

9 colheres de sopa de azeite extravirgem

Sal kosher e pimenta-do-reino moída na hora

85 gramas de chouriço vegano

1 dente de alho ralado

3 colheres de sopa de vinagre de maçã

2 colheres de sopa de salsinha fresca picada

Preaqueça o forno a 200 °C. Forre uma assadeira com papel-manteiga e reserve.

Remova os talos e as folhas mais grossas da base da couve-flor. Corte o caule grosso bem rente à base e apoie a couve-flor numa tábua de cortar. Corte-a em fatias de aproximadamente 2,5 cm de espessura. Transfira os "bifes" de couve-flor para a assadeira preparada (não se preocupe se alguns se desmancharem). Pincele generosamente os "bifes" de couve-flor com 3 colheres de sopa de azeite e tempere com sal e pimenta dos dois lados. Asse por 25 a 30 minutos, virando-os na metade desse tempo, até que ambos os lados estejam dourados, e a couve-flor esteja macia.

Enquanto a couve-flor assa, numa frigideira antiaderente grande, aqueça 3 colheres de sopa de azeite em fogo médio-alto. Quando o azeite começar a brilhar, adicione o chouriço e o alho e frite por cerca de 3 minutos, mexendo até que esteja dourado, despedaçado e cozido por completo. Adicione o vinagre e tempere com sal e pimenta, desligue o fogo e deixe descansar enquanto a couve-flor termina de assar.

Transfira a couve-flor assada para um prato. Aqueça novamente a mistura de chouriço, adicione as 3 colheres de sopa de azeite restantes e despeje sobre a couve-flor. Polvilhe com salsinha e sirva em seguida.

CAPÍTULO 2

Para Confortar a Alma

Comfort food[2] pode significar coisas diferentes, dependendo de quem fala. Como passei parte da infância no Japão, ao final de um dia difícil, sinto vontade de comer uma tigela de arroz com sopa de missô. Para outros, são costelinhas assadas, macarrão com queijo ou frango frito, e, para outros ainda, é um pastel de carne. Seja qual for a forma que tenha, seja de que país você for, todos sabemos que alguns alimentos são capazes de aliviar a angústia de um dia difícil, ajudam a relaxar e alimentam nossa alma. Eles podem não ser os mais sofisticados ou os mais complexos; na verdade, a maioria deles é simples, sem camadas e camadas de sabor, mas honesta. E verdadeira. E funciona sempre.

Este capítulo contém uma variedade de alimentos que acalmam e nutrem o espírito. Aqui você vai encontrar o delicioso frango frito, O Melhor Frango Frito de Todos os Tempos (p. 38), porque como poderíamos ter um capítulo sobre comidas que confortam a alma sem ele? Mas nem todas as receitas são necessariamente norte-americanas. Algumas são de cantos distantes do mundo, mas todas proporcionam essa satisfação provocada pelos alimentos reconfortantes. Desde as Tonkatsu, costeletas de porco fritas japonesas (p. 62), até um calzone italiano (p. 55) e enchiladas com um toque especial (p. 68), todos esses pratos tirarão o estresse do seu dia e colocarão um sorriso no seu rosto.

---

[2] *Comfort food* [Comida Reconfortante] é um termo que se refere a alimentos que proporcionam sensação de conforto e bem-estar emocional. Esses alimentos geralmente têm ligação sentimental ou emocional com a pessoa que os consome e, muitas vezes, estão associados a memórias de infância, familiares ou a eventos especiais. (N. da T.)

O Melhor Frango Frito de Todos os Tempos

Serve de 6 a 8 pessoas ou mais

Antes de virem para o nosso santuário animal, nossas centenas de galinhas resgatadas costumavam viver em qualquer lugar, desde gaiolas até caixas de plástico em salas de aula. Elas não estavam tão felizes ou saudáveis quando chegaram ao Rancho Compasión, mas em questão de dias ou semanas todas aprenderam a tomar banho de terra, correr e bicar minhocas e descobriram a alegria de estar ao sol. É difícil para mim imaginar que essas criaturas curiosas e tagarelas, que às vezes pulam no nosso colo e reconhecem rostos, sejam consideradas bichos "com cérebro de passarinho" e apenas algo para ser frito e comido. Com este saboroso "frango frito", você terá uma delícia que poderá até compartilhar com sua galinha de estimação favorita (sim, elas comem qualquer coisa, não só batatas). Crocante e repleto de sabor por dentro e por fora, O Melhor Frango Frito de Todos os Tempos fica ainda mais gostoso se preparado com o Frango Suculento Caseiro ou com o Frango Assado Saboroso, embora você possa usar uma marca comercial, se preferir. Também ofereço uma alternativa feita com tofu congelado, em que você pode evitar completamente a carne de glúten e até torná-la sem glúten. Mas o segredo está na cobertura, que requer uma primeira camada de farinha, depois um mergulho numa massa líquida e, em seguida, uma outra camada de farinha, o que resulta na máxima crocância. Apenas certifique-se de fazer em grande quantidade, porque todo mundo vai devorar. Esse frango é delicioso por si só, mas por que não servir com um molho de gosto acentuado, feito com o óleo de fritura e a massa que sobrou? E, falando em acompanhamento, não se esqueça do purê de batatas e dos pãezinhos para comer com o molho.

1,5 quilo de Frango Suculento Caseiro (p. 202) ou Frango Assado Saboroso (p. 204)

3 xícaras de farinha de trigo comum ou sem glúten

½ xícara de levedura nutricional (ver o Glossário)

4 colheres de chá de alho em pó

4 colheres de chá de cebola em pó

1 colher de sopa de tempero para aves

1 colher de chá de páprica defumada

1 colher de chá de sal marinho

1 colher de chá de pimenta-do-reino moída na hora

2 xícaras de leite de soja sem açúcar ou leite de aveia com sabor "original", e mais, se necessário

Corte o frango em pedaços do tamanho desejado (pequenos para aperitivos, maiores para refeições). Coloque a farinha, a levedura nutricional, o alho em pó, a cebola em pó, o tempero para aves, a páprica, o sal e a pimenta numa tigela grande e misture bem. Mergulhe os pedaços de frango na mistura de farinha para empanar todos os lados e reserve. Divida a mistura de farinha restante em duas partes iguais.

Numa tigela pequena, misture o leite de soja com o vinagre e deixe descansar por alguns minutos, depois misture a mostarda. Despeje o conteúdo da tigelinha num dos recipientes com metade da mistura de farinha e misture bem com um garfo, até obter uma massa grossa para revestir o frango. Se estiver muito líquida, adicione um pouco mais de farinha do outro recipiente; se estiver muito espessa, adicione um pouco mais de leite. Mergulhe os pedaços de frango nessa massa e, em seguida, envolva-os com a outra metade da mistura de farinha.

A RECEITA CONTINUA ➡

2 colheres de sopa de vinagre de maçã

3 colheres de sopa de mostarda amarela

Aproximadamente 2 xícaras de óleo neutro, como o de girassol, canola, abacate ou semente de uva

Aqueça, em fogo alto, ao menos 3 cm de óleo numa frigideira funda com tampa, até que o óleo atinja cerca de 180 °C. Se você não tiver um termômetro, pode testar o óleo colocando na frigideira um pedacinho de frango do tamanho da ponta de um dedo. Ele deve tocar o fundo e imediatamente subir para a superfície. Coloque os pedaços de frango empanados e enfarinhados no óleo, certificando-se de não encher mais que 3/4 da frigideira. Tampe a frigideira e frite por cerca de 3 minutos, ou até que o frango esteja dourado na parte inferior. Depois vire os pedaços para fritar o outro lado. Escorra em papel-toalha ou papel pardo. Repita o procedimento com os pedaços restantes.

Variações

Frango e Molho Gravy: use a farinha e a massa restantes para fazer um molho. Depois de fritar o frango, descarte um pouco do óleo, para que reste apenas cerca de 1 cm no fundo da panela, deixando os pedaços de massa crocante ou de frango que ficaram na panela. Adicione a mistura de farinha, se houver, ou parte da massa. Adicione apenas o suficiente para formar um *roux*. Cozinhe por alguns minutos e adicione água quente (3 a 4 xícaras), mexendo sempre, até engrossar. Tempere com sal e pimenta e acrescente 1 ou 2 colheres de chá de molho de soja. O óleo da fritura em si adicionará muito sabor (você pode se surpreender se nunca fez molho desse modo antes), então não é necessário adicionar mais temperos. Derrame o molho sobre o frango frito e coma com purê de batatas e pãezinhos se você estiver decidido a não se preocupar com excessos.

Versão com Tofu Congelado (pode ser sem glúten): congele 900 gramas de tofu de consistência média ou firme por pelo menos 1 semana (você pode congelá-lo diretamente na embalagem). Quanto mais tempo o tofu congelar, mais firme ficará, então você pode deixá-lo no freezer por meses, se desejar. Quando for usar, descongele-o (você pode mergulhá-lo numa tigela com água quente ou deixá-lo na bancada da pia durante a noite). Depois que o tofu descongelar, esprema a água dele. Você verá que ele fica como uma esponja seca. Numa tigela, misture 3 xícaras de caldo de galinha vegano (você pode usar água e um cubo de caldo de galinha vegano); ¼ de xícara de levedura nutricional; 2 colheres de sopa de molho de soja, tamari ou Aminoácidos Líquidos Bragg (ver o Glossário); e 2 colheres de chá de tempero para aves. Parta o tofu em pedaços grandes e marine na mistura por pelo menos 1 hora, até absorver a marinada. Em seguida, empane os pedaços na farinha comum ou sem glúten e na massa e frite conforme as instruções da receita principal.

Chili de Carne com Pimenta

Serve de 4 a 6 pessoas

Viajo muito. Seja para a Itália, o Vietnã ou Singapura. É provável que, num determinado mês, eu esteja partindo para algum lugar distante, principalmente a trabalho, mas muitas vezes por diversão. No entanto, às vezes, meu maior prazer é voltar para a minha própria cozinha. Eis aqui um chili apimentado de boas-vindas, perfeito como a refeição saborosa e substancial de que você precisa depois de passar vários dias na estrada. É algo que precisa de um pouco de planejamento antecipado, mas você pode comprar tudo antes de partir. Observe que este é um daqueles momentos em que você não precisa escorrer o líquido das latas de feijão, pois o líquido espesso da lata ajuda a engrossar o chili[3]. Outra vantagem: depois de cerca de 15 minutos de preparo, você pode deixá-lo cozinhando enquanto cuida de coisas mais importantes, como convencer seus animais de estimação de que você realmente os ama.

Dica: cada tipo de carne vegana se desfaz num ritmo diferente quando cozidos por muito tempo, por isso é melhor adicionar a carne no final. Cozinhe a carne de acordo com as instruções da embalagem: algumas pedem óleo adicional; outras, não.

2 colheres de sopa de azeite extravirgem

1 cebola-branca ou amarela, bem picada

4 dentes de alho, bem picados

1 colher de sopa de pimenta-chipotle em pó

1½ colher de chá de cominho em pó

1 colher de chá de orégano desidratado

½ colher de chá de coentro em pó

1 lata (400 gramas) de molho de tomate

1 lata (800 gramas) de tomates em cubo

400 gramas de feijão-preto com caldo

Numa panela grande, aqueça o azeite em fogo médio. Adicione as cebolas e refogue por 4 minutos ou até começarem a amolecer. Adicione o alho e refogue por mais 1 minuto, mexendo com frequência. Acrescente a pimenta-chipotle em pó, o cominho, o orégano e o coentro e misture bem. Torre as especiarias até que a mistura fique bem perfumada. Adicione o molho de tomate e mexa bem para raspar qualquer pedacinho dourado do fundo da panela; em seguida, adicione os tomates em cubo, os feijões, o néctar de agave, a pimenta-chipotle, o molho de soja e o pó umami, mexa para misturar e deixe ferver. Reduza o fogo para o mínimo e cozinhe por cerca de 1 hora, mexendo de vez em quando, até ficar espesso e começar a grudar nas bordas da panela. (Se preferir um chili mais líquido, adicione água, conforme necessário.)

---

[3] Prato picante originado na culinária texana, nos Estados Unidos. (N. da T.)

A RECEITA CONTINUA ➼

400 gramas de feijão-carioca com caldo

400 gramas de feijão-vermelho com caldo

2 colheres de sopa de néctar de agave, açúcar ou xarope de bordo

2 colheres de sopa de pimenta-chipotle em pó ou de tempero adobo (ou a gosto)

1½ colher de sopa de molho de soja, tamari ou Aminoácidos Líquidos Bragg (ver o Glossário)

1 colher de sopa de pó umami ou missô vermelho

450 gramas de "carne" vegana ou Carne Moída "Crua" Caseira (p. 185)

Sal kosher e pimenta-do-reino moída na hora

Creme azedo ou creme de leite vegano, para servir

Queijo cheddar vegano ralado, para servir

Aqueça uma frigideira antiaderente grande em fogo médio-alto. Adicione a carne em pedaços e mexa por 2 a 3 minutos até ficar dourada. Frite por mais 3 a 4 minutos, desfazendo-a em pedaços pequenos com uma espátula até que fique desintegrada e uniformemente dourada. Reserve.

Após o chili ter fervido por cerca de 55 minutos, adicione a carne cozida e deixe ferver por mais 5 minutos para misturar os sabores. Tempere com sal e pimenta. Sirva o chili bem quente, coberto com uma colherada de creme azedo e uma boa quantidade de queijo ralado. Você também pode guardar o chili na geladeira, coberto, por até 3 dias e reaquecê-lo antes de servir. Ou faça isso antes de fazer uma viagem e congele por 2 a 3 meses. Então, quando voltar, terá uma refeição quase instantânea para receber você em casa com conforto.

Conheça os animais

Louie, nosso robusto touro de mais de meia tonelada, da raça Black Angus, poderia ter acabado num ensopado ou cortado em bifes. Ele estava a caminho de uma feira, onde seria leiloado e levado para a casa de alguém, onde seria cortado em pedaços, embalado e congelado. Louie foi criado por uma adolescente como parte do FFA (Future Farmers of America), programa escolar no qual os jovens criam animais de fazenda e os leiloam numa feira agrícola. Essa jovem se apaixonou pela disposição de Louie para brincar e pelo seu temperamento forte, mas doce, e não conseguia suportar a ideia de vê-lo sendo vendido para abate. A família a obrigou a levá-lo para a feira mesmo assim, onde ela pensou rápido: uma dose de vermífugo o desqualificaria para o abate. Ela e Louie foram expulsos da feira, e, felizmente, ela o levou para o Rancho Compasión, onde ele viverá o resto da vida ao lado de sua amiga, a vaca leiteira Angel.

Frango Assado de Rotisseria

Serve de 6 a 8 pessoas

Lembro-me de que, na infância, eu adorava ir ao supermercado com meu pai em ocasiões especiais e trazer para casa um frango assado. Claro, os únicos frangos que trago para casa agora estão vivos, resgatados do destino do abate, e passam os dias tomando banho de sol e bicando minhocas e capim no Rancho Compasión. Não, esta receita de frango assado não tem exatamente o mesmo sabor de que me lembro de mais de cinquenta anos atrás, mas é bem saborosa. Até mesmo um frango vegano inteiro de qualidade inferior que comprei numa mercearia chinesa se saiu bem com esse preparo. O primeiro passo é deixar o frango de molho em salmoura por um dia inteiro, pois isso imprime frescor e aumenta a suculência. Em seguida, é preciso esfregá-lo com manteiga temperada e envolvê-lo em yuba (casca de tofu), que se transformará numa pele suculenta. Sirva com salada de batata tradicional ou com purê de batatas e salada verde e desfrute de um jantar norte-americano tradicional.

Conheça os animais

Você sabia que as galinhas emitem mais de trinta sons diferentes, cada um com significado distinto? Desde o suave arrulho das galinhas felizes até os gritos agudos que alertam sobre um predador, passando pelas declarações altas e ousadas de que puseram um ovo e pelo ritmo marcante de um galo convidando suas galinhas para explorar um monte de minhocas, as galinhas são criaturas extremamente vocais, comunicativas e inteligentes. Depois de resgatar centenas delas, percebi que se parecem com as pessoas de muitas maneiras: enquanto algumas são sociáveis com os seres humanos, querem fazer amizade e se aconchegar em seu colo, outras não querem nada com você; algumas têm uma ou duas melhores amigas, enquanto outras preferem ficar sozinhas; algumas são destemidas, enquanto outras são meigas e submissas. Assim como as pessoas, as galinhas podem ser bem diferentes umas das outras, tanto fisicamente quanto na personalidade. Dizem que pássaros do mesmo bando são parecidos. Mas, quando você olha além do bando, o que vê são indivíduos.

SALMOURA

4 xícaras de água

1 limão fatiado

4 dentes de alho descascados e amassados

1 colher de sopa de grãos de pimenta-do-reino

1 colher de sopa de açúcar

1 colher de sopa de sal kosher

½ xícara de salsinha fresca picada

6 ramos de tomilho fresco

3 ramos de alecrim fresco

FRANGO

1 Frango Suculento Caseiro inteiro (aproximadamente 900 gramas, p. 202); ou um Frango Assado Saboroso (p. 204); ou um frango comprado pronto

1 folha grande de yuba congelada (ver o Glossário)

MANTEIGA TEMPERADA

½ xícara de manteiga vegana derretida

2 colheres de chá de páprica defumada

1 colher de chá de sálvia desidratada esfarelada

1 colher de chá de tomilho desidratado

1 colher de chá de alho em pó

1 colher de chá de cebola em pó

½ colher de chá de sal marinho

¼ de colher de chá de pimenta-do-reino moída na hora

Prepare a salmoura com 24 horas de antecedência, pois convém salmourar o frango por um bom tempo para obter mais sabor. Coloque todos os ingredientes da salmoura numa tigela grande e misture bem. Pegue o frango (seja qual for o que você escolher) e coloque-o na salmoura, que deverá cobri-lo completamente. Cubra e leve à geladeira por pelo menos 24 horas ou até 48 horas.

Quando for assar, preaqueça o forno a 200 ºC.

Tempere a manteiga derretida com páprica defumada, sálvia, tomilho, alho em pó, cebola em pó, sal marinho e pimenta.

Passe a folha de yuba na água fria por alguns segundos. Reserve por 1 minuto para ficar maleável e, em seguida, aperte suavemente para remover o excesso de água. Esfregue um pouco da manteiga temperada em toda a superfície do frango e, na medida do possível, envolva-o com a folha de yuba, alisando as protuberâncias e rugas para que se assemelhe a uma pele. Coloque o frango numa assadeira e pincele com a manteiga temperada restante. Asse por cerca de 40 minutos, até que fique lindamente dourado, retirando o frango do forno aproximadamente na metade do tempo para pincelar com a manteiga na assadeira. Pincele novamente depois de retirá-lo do forno para amaciar ligeiramente a yuba, pois, ao assar, ela ficará crocante.

Bolo de Carne para o Domingo à Noite

Você não precisa de molho com este saboroso bolo de carne feito com uma combinação de carne vegana moída e linguiças, com boa dose de duxelles de cogumelos, ervas e especiarias. A cobertura não é a típica mistura doce de ketchup, mas um pouco mais complexa e saborosa, com a base do suco extraído dos cogumelos e um toque de páprica defumada. Pode ajudar você a se lembrar do bolo de carne de sua mãe, mas você provavelmente achará que está melhor.

BOLO DE CARNE

500 gramas de carne vegana do tipo "crua", comprada pronta

2 linguiças veganas do tipo "crua", de 200 gramas cada

1 cebola amarela ou branca, cortada em cubos grandes (cerca de ⅔ de xícara)

6 dentes de alho descascados

250 gramas de champignons ou cogumelos cremini cortados em quatro

1 colher de sopa de azeite de oliva

1 pitada de sal marinho

½ xícara de pimentão vermelho picadinho

½ xícara de cenoura picadinha

¼ de xícara de extrato de tomate

3 colheres de sopa de Aminoácidos Líquidos Bragg (ver o Glossário)

2 colheres de sopa de missô de grão-de--bico ou missô de soja branca

Faça o bolo de carne: preaqueça o forno a 180 °C. Unte uma assadeira de aproximadamente 20 cm por 30 cm.

Numa tigela grande, misture a carne vegana moída e as linguiças, desfazendo-as com as mãos.

Num processador de alimentos, pulse a cebola e o alho até que fiquem bem picados. Adicione-os à tigela.

Sem lavar o processador, bata os cogumelos até que fiquem bem picados, mas não deixe que virem um purê, e coloque-os no centro de um pano de prato. Esprema sobre uma tigela pequena para extrair o suco dos cogumelos. Reserve esse suco para a cobertura.

Numa frigideira, aqueça o óleo em fogo médio e adicione os cogumelos e o sal. Frite por 1 minuto ou 2, até que os cogumelos mudem de cor, de rosa para marrom, e fiquem secos. Adicione à tigela com a carne, juntando o pimentão e a cenoura. Acrescente o extrato de tomate, os aminoácidos líquidos, o missô, o levedo nutricional, a páprica defumada, a manjericão, o manjerona, o orégano, o alecrim, a pimenta-da-jamaica e a pimenta-do-reino e misture bem com uma colher de pau ou com as mãos.

A RECEITA CONTINUA ➺

2 colheres de sopa de levedura nutricional (ver o Glossário)

1 colher de sopa de páprica defumada

1 colher de sopa de manjericão desidratado

1 colher de chá de manjerona desidratada

1 colher de chá de orégano desidratado

1 colher de chá de alecrim desidratado

1 ½ colher de chá de pimenta-da-jamaica moída

½ colher de chá de pimenta-do-reino moída na hora

COBERTURA

2 a 3 colheres de sopa de suco dos cogumelos (ver acima)

2 colheres de sopa de extrato de tomate

2 colheres de sopa de molho de soja

1 colher de sopa de amido de milho ou polvilho doce

1 colher de sopa de xarope de bordo

½ colher de chá de páprica defumada

Molde a mistura de carne como um pão e faça uma cavidade de aproximadamente 1,5 cm de largura no meio, ao longo de todo o comprimento (essa cavidade vai impedir que a cobertura escorra toda para a assadeira).

Faça a cobertura e asse: numa tigela, bata o suco de cogumelos, o extrato de tomate, o molho de soja, o amido de milho, o xarope de bordo e a páprica defumada até obter uma mistura homogênea. Cubra o pão com essa mistura usando uma espátula de borracha. Asse por aproximadamente 1 hora e 15 minutos, até que a parte de cima fique firme e elástica. Deixe esfriar por 15 minutos antes de cortar.

A Trilogia do Hambúrguer

Vamos admitir: não importa quanto a tecnologia da carne vegana seja avançada, sempre haverá aqueles que zombam da mera ideia de um hambúrguer vegano. Ele é o prenúncio do sucesso da produção de carne vegana, mas também é o bode expiatório da indústria. Vários artigos de revista comparam o sabor dos hambúrgueres feitos com carne bovina e os veganos (sem mencionar os demais concorrentes). As fotos sempre mostram hambúrgueres nus em pães pálidos, competindo por atenção, e muitas vezes o propósito de um hambúrguer é totalmente esquecido. Claro, ninguém vai trocar um hambúrguer de carne bovina por um de carne vegana se o primeiro vier carregado de queijo e um ovo frito, enquanto o segundo vier simples. Precisamos apenas admitir: metade da diversão está nos acompanhamentos.

Eu desafiaria qualquer carnívoro convicto a se lembrar do último hambúrguer simples que comeu. (Não é tão bom, certo?) Em seguida, o desafiaria a experimentar uma trilogia de hambúrgueres bem guarnecidos, todos com acompanhamentos que podem ser feitos ao mesmo tempo que o preparo da carne. Escolha um ou crie a própria aventura. De qualquer modo, será delicioso – para você e para a pessoa que vê um hambúrguer vegano como o pior cenário possível. (Apenas espere e verá.) Para um sabor ainda mais delicioso, espalhe manteiga vegana nos pães e toste-os com o corte para baixo numa frigideira em fogo médio por cerca de 2 minutos enquanto os hambúrgueres estão na frigideira.

A RECEITA CONTINUA ➻

Hambúrguer Grego com Queijo Feta e Tapenade de Azeitona

Rende 4 hambúrgueres

4 hambúrgueres veganos comprados prontos, de qualquer tipo ou caseiros, como o Hambúrguer de Frango (p. 211); ou hambúrgueres da Mistura Instantânea para Hambúrguer, Salsicha, Almôndega e Carne Desfiada (p. 188)

Sal kosher e pimenta-do-reino moída na hora

1 xícara de azeitonas Kalamata sem caroço

2 colheres de sopa de alcaparras escorridas

2 colheres de sopa de salsinha fresca picada grosseiramente

1 colher de sopa de azeite extravirgem

4 pães de hambúrguer veganos

4 folhas de alface, rasgadas se forem grandes

Cerca de 120 gramas de queijo feta vegano cortado em cubos de 1 cm

1 pepino japonês de cerca de 5 cm cortado ao meio no sentido do comprimento e depois em fatias finas no sentido transversal

Aqueça uma frigideira grande antiaderente em fogo médio-alto. Adicione os hambúrgueres, tempere com sal e pimenta e frite por cerca de 6 minutos, virando na metade do tempo, até dourar bem dos dois lados. (Se a instrução de preparo na embalagem dos seus hambúrgueres for diferente, siga-a.)

Enquanto isso, num processador de alimentos, pulse juntos as azeitonas, os aspargos, a salsinha, o azeite de oliva e uma boa pitada de pimenta, até obter uma tapenade grosseira (cerca de 10 pulsos).

Acomode os hambúrgueres na parte inferior dos pães; em seguida, cubra com alface, tapenade a gosto, queijo e fatias de pepino. Coloque a parte de cima do pão e sirva em seguida.

Hambúrguer de Cogumelo Trufado

Rende 4 hambúrgueres

2 colheres de sopa de azeite extravirgem

1 chalota grande, cortada ao meio e depois em fatias finas

450 gramas de cogumelos cremini fatiados

Sal kosher e pimenta-do-reino moída na hora

2 colheres de sopa de vinho branco seco

1 colher de chá de tomilho fresco picado

2 colheres de sopa de manteiga vegana

1 colher de sopa de salsinha fresca picadinha

4 hambúrgueres veganos comprados prontos, de qualquer tipo ou caseiros, como o Hambúrguer de Frango (p. 211); ou hambúrgueres do Mistura Instantânea

para Hambúrguer, Salsicha, Almôndega e Carne Desfiada (p. 188)

120 gramas de muçarela vegana defumada ou outro queijo vegano defumado cortado em fatias finas

4 pães de hambúrguer veganos

Azeite trufado para servir (ver a Observação)

Numa frigideira grande, aqueça o azeite de oliva em fogo médio. Adicione as fatias de chalota e mexa por 3 minutos ou até começarem a amolecer. Adicione os cogumelos, tempere com sal e pimenta e frite por cerca de 10 minutos, mexendo de vez em quando, até que percam toda a umidade e fiquem bem dourados. Adicione o vinho e o tomilho e mexa por mais 2 minutos ou até que o vinho tenha evaporado. Adicione a manteiga e a salsinha e mexa até que a manteiga seja absorvida. Reserve a frigideira.

Enquanto isso, aqueça uma frigideira antiaderente grande em fogo médio-alto. Adicione os hambúrgueres, tempere com sal e pimenta e frite por cerca de 6 minutos, virando na metade do tempo, até que fiquem bem dourados dos dois lados. (Se a instrução de preparo na embalagem for diferente, siga-a.) Coloque as fatias de queijo nos hambúrgueres, desligue o fogo, tampe a frigideira e reserve por 2 minutos para que o queijo aqueça. Acomode os hambúrgueres na parte inferior dos pães, distribua a mistura de cogumelos sobre os hambúrgueres, regue com azeite trufado (ver a Observação), coloque a parte superior dos pães e sirva em seguida.

Observação: nem todos os azeites trufados são iguais. Experimente o seu e decida quanto quer adicionar com base na intensidade e até em que ponto quer que seu hambúrguer fique com sabor trufado.

Hambúrguer de Kimchi com Molho Especial Coreano

Rende: 4 hambúrgueres

4 hambúrgueres veganos comprados prontos, de qualquer tipo ou caseiros, como o Hambúrguer de Frango (p. 211); ou hambúrgueres feitos com a Mistura Instantânea para Hambúrguer, Salsicha, Almôndega e Carne Desfiada (p. 188)

Sal kosher e pimenta-do-reino moída na hora

2 colheres de chá de doenjang (pasta coreana de soja) ou pasta de missô escura

2 colheres de chá de gochujang (pasta coreana de pimenta)

¾ de colher de chá de açúcar

2 colheres de chá de água

¼ de xícara de maionese vegana

1 xícara de kimchi vegano – picado, se os pedaços forem grandes

¾ de xícara de broto de feijão

4 rabanetes pequenos, cortados em fatias finas

¼ de xícara de coentro fresco picado

4 pães de hambúrguer veganos

Aqueça uma frigideira antiaderente grande em fogo médio-alto. Adicione os hambúrgueres, tempere com sal e pimenta e frite por cerca de 6 minutos, virando na metade do tempo, até que fiquem bem dourados dos dois lados. (Se a instrução de preparo na embalagem dos hambúrgueres for diferente, siga-a.)

Enquanto isso, numa tigela pequena, misture o doenjang, o gochujang, o açúcar e a água até obter uma mistura homogênea. Adicione a maionese e mexa até ficar cremoso. Adicione o kimchi, o broto de feijão, os rabanetes e o coentro e misture bem.

Acomode os hambúrgueres na parte inferior dos pães e distribua a mistura de kimchi sobre eles. Coloque a parte superior dos pães e sirva em seguida.

Jambalaya Autêntica de Nova Orleans

Aprendi algumas coisas quando visitei Nova Orleans há alguns anos. A primeira foi a pronúncia correta do nome da cidade. Não é "N'awlins", não importa o que alguns *blues* antigos possam fazer você pensar. E não é "New Orleeeens". É simplesmente "New Orlins". Simples assim, do jeito que os apresentadores de notícias falam, não como imaginamos que as pessoas de lá falam.

A outra coisa que aprendi foi que fiz jambalaya da maneira errada durante todos esses anos, ao colocar tomates nela. Acontece que a jambalaya autêntica não tem tomates – aprendi isso com o verdadeiro *chef* de New Orlins, Jacob Seemann, que fez uma porção gigante da sua versão vegana que eu não conseguia parar de comer. E Jacob foi muito gentil ao compartilhar sua receita.

6 colheres de sopa de manteiga vegana

1 xícara de cebolas amarelas, brancas ou roxas em cubos

½ xícara de salsão em cubos

½ xícara de pimentão verde em cubos

120 gramas de cogumelos shitake frescos fatiados

1 colher de sopa de páprica defumada

4 dentes de alho grandes picados

1 xícara de abobrinha italiana em cubos grandes

1 xícara de abobrinha amarela em cubos grandes

2 colheres de sopa de tempero cajun, mais a gosto

2 xícaras de arroz branco de grão longo

½ xícara de salsinha fresca picada

4 xícaras de caldo de legumes – mais, se necessário

½ xícara de cebolinhas verdes picadas (com as partes branca e verde-clara)

2 colheres de sopa de Aminoácidos Líquidos Bragg (ver o Glossário)

Numa panela grande, derreta 4 colheres de sopa de manteiga em fogo médio-alto. Adicione as cebolas, o salsão e o pimentão e refogue por cerca de 5 minutos, até ficarem translúcidos. Adicione os cogumelos e a páprica defumada e continue refogando por mais 3 minutos, até que os legumes estejam macios. Adicione o alho, a abobrinha italiana, a abobrinha amarela e o tempero cajun e cozinhe por mais 3 minutos, até que as abobrinhas estejam macias.

Junte 1 xícara de caldo de legumes para deglaçar a panela e permitir que o arroz absorva todo o delicioso sabor caramelizado; em seguida, adicione as cebolinhas verdes e os aminoácidos líquidos. Cozinhe por 1 minuto, adicione as 3 xícaras restantes de caldo, a linguiça e o frango e deixe ferver em fogo alto. Prove o caldo e decida se deseja adicionar até 2 colheres de sopa de tempero cajun (as diferentes marcas variam muito em intensidade de pimenta e nível de sal). Tampe a panela e deixe ferver em fogo

2 linguiças defumadas veganas ou as linguiças veganas apimentadas do tipo italiana

1 xícara de frango vegano em tiras ou pedaços ou o Frango Suculento Caseiro (p. 202); ou o Frango Assado Saboroso (p. 204)

baixo por cerca de 20 minutos. Durante o cozimento, mexa a panela uma ou duas vezes. Se precisar, adicione mais ½ xícara de caldo. Quando o caldo for completamente absorvido, desligue o fogo, mexa e, se desejar, adicione as 2 colheres de sopa restantes de manteiga vegana para enriquecer a preparação (ver a Observação). Antes de servir, deixe descansar por 5 minutos, com a panela tampada.

Observação: você não precisa acrescentar mais manteiga se não quiser, embora ela adicione ótimo sabor.

Calzones de Linguiça com Erva-doce Assada e Limão em Conserva

Rende 4 calzones grandes

Obviamente sou suspeita, mas daria uma nota bem alta para a minha muçarela, porque ela combina muito bem com outros ingredientes. Aqui, ela envolve um recheio suculento e saboroso de calzone com erva-doce caramelizada, linguiças com toque picante e tiras vibrantes de limão em conserva. Note que não estamos falando de um calzone ao estilo de Jersey, do tamanho de um prato. Ele ainda é grande, mas mais leve por dentro do que o que você fazia tarde da noite na faculdade, com molho feito simplesmente de tomates-cereja assados e azeite.

Além disso, lembre-se de que comprar massa de pizza pronta não é pecado. Se isso facilitar sua vida, tudo bem. Apenas certifique-se de deixar a massa chegar à temperatura ambiente antes de abri-la. Você vai precisar de cerca de 1 quilo de massa para fazer 4 calzones grandes.

MASSA

1½ xícara de água morna

1 colher de sopa de fermento instantâneo

3 a 3½ xícaras de farinha de trigo, mais um pouco para sovar a massa

1½ colher de chá de sal kosher

1 colher de sopa de azeite para untar a tigela e a assadeira e pincelar os calzones

RECHEIO

1 erva-doce grande (aproximadamente 450 gramas), sem o miolo e cortada em pedaços de cerca de 2,5 cm

4 colheres de sopa de azeite de oliva extravirgem

Sal kosher e pimenta-do-reino moída na hora

450 gramas de tomates-cereja ou grape cortados ao meio

3 linguiças veganas do tipo italiana cortadas em rodelas de 6 mm

2 dentes de alho bem picados

1 colher de sopa de alecrim fresco picado

½ colher de chá de pimenta vermelha em flocos (opcional)

Comece a preparar a massa: num copo medidor, misture a água e o fermento e reserve por 5 minutos para ativá-lo.

Prepare o recheio: numa assadeira, misture a erva-doce e 2 colheres de sopa de azeite, separando os pedaços de erva-doce com as mãos. Tempere com sal kosher e pimenta-do-reino e asse por 20 minutos ou até que a erva-doce esteja bem dourada de um lado. Adicione os tomates, as linguiças, o alho, o alecrim picado e a pimenta vermelha em flocos e misture bem. Acrescente mais sal kosher e pimenta-do-reino e regue com as 2 colheres de sopa restantes de azeite. Asse por 25 a 30 minutos, até que os tomates estejam completamente desmanchados e a maior parte do líquido tenha evaporado. Acrescente a casca do limão em conserva e a salsinha e transfira para um prato. Leve o recheio à geladeira para esfriar bem enquanto você prepara a massa.

Faça a massa: depois de colocar os legumes para assar, misture 3 xícaras de farinha e o sal kosher numa tigela média. Adicione a mistura de fermento e mexa com uma colher de pau até que todo o líquido esteja incorporado e forme uma massa pegajosa. Transfira para uma superfície de trabalho limpa polvilhada com farinha, polvilhe farinha por cima da massa e sove até que fique lisa, macia e apenas um pouco pegajosa. Sove por cerca de 5 minutos e vá adicionando farinha conforme necessário. (Você também pode usar uma batedeira: na tigela da batedeira equipada com o gancho de massa, misture a farinha e o sal com pulsos breves, em velocidade baixa. Com a batedeira na velocidade mais baixa, adicione a mistura de fermento num fluxo lento e constante, misturando até que toda a farinha esteja incorporada. Adicione mais farinha, cerca de 1 colher de

A RECEITA CONTINUA ➡

1 limão em conserva, enxaguado, dividido em quatro, polpa e parte branca removidas e descartadas, casca cortada em fatias finas

¼ de xícara de salsinha fresca picada

250 gramas de muçarela vegana comprada pronta ou a Muçarela de Búfala Fácil (p. 227), cortada em cubos de 1,5 cm

COBERTURA

Raminhos de alecrim fresco (opcional)

Sal marinho em flocos para finalizar

sopa de cada vez, até que a massa limpe as laterais e o fundo da tigela. Em seguida, aumente a velocidade para média e sove por 3 minutos.)

Transfira a massa para uma tigela pincelada com óleo, cubra com um pano de prato e coloque perto do forno (ou em outro local quente), para crescer até dobrar de tamanho, cerca de 30 minutos. (Você pode preparar tanto a massa quanto o recheio com antecedência: deixe o recheio chegar à temperatura ambiente, coloque num recipiente hermético e leve à geladeira. Em vez de transferir a massa para uma tigela, coloque num recipiente hermético ou saco ziplock untado com óleo e leve à geladeira. Quando for usar, retire da geladeira e espere por cerca de 5 minutos até a massa e o recheio chegarem à temperatura ambiente, antes de levar ao forno.)

Preaqueça o forno a 210 °C. Forre uma assadeira com papel-alumínio, pincele com óleo e reserve.

Recheie e asse os calzones: numa superfície de trabalho grande e limpa ou numa tábua de cortar, divida a massa em quatro pedaços mais ou menos iguais e faça uma bola com cada um. (Incorpore todo óleo restante à massa; ele deixa a crosta dos calzones mais macia.) Com um rolo levemente untado com óleo ou com as mãos untadas, abra cada bola num disco de aproximadamente 20 cm de diâmetro e espessura uniforme. Arrume os quatro discos na assadeira untada, de modo que só a metade de cada um deles esteja dentro da assadeira e a outra metade esteja fora, sobre a bancada. (Essas são as partes de massa que você dobrará sobre o recheio.) Feche qualquer buraco que apareça na massa durante o processo, apertando-a com os dedos. Coloque aproximadamente 1/4 do recheio já frio sobre cada parte da massa que está dentro da assadeira, deixando uma borda de uns 2,5 cm em cada disco. Em seguida, coloque cerca de 1/4 do queijo picado sobre cada porção de recheio. Dobre as metades vazias da massa sobre o recheio e aperte ou torça para unir as duas bordas e formar uma meia-lua. (Existem várias maneiras de fechar um calzone; faça o que funcionar para você, desde que mantenha a massa fechada! E, sim, é normal se elas se tocarem.) Disponha algumas ramas pequenas de alecrim sobre os calzones e polvilhe com sal marinho em flocos. Asse por 30 minutos, ou até dourarem; em seguida, pincele generosamente cada calzone com azeite e asse por mais 10 a 15 minutos, para que a crosta fique bem dourada e o recheio borbulhe nas bordas. Tire do forno e deixe descansar por 15 minutos antes de servir. (Os calzones também podem ser levados à geladeira por até 2 dias e depois reaquecidos por cerca de 20 minutos, no forno a 180 °C.)

Pambazos – Sanduíche Mexicano ao Molho de Pimenta-Guajillo

Rende 8 sanduíches

Na cozinha da equipe da Miyoko's, sempre tem algo delicioso sendo preparado pelos *chefs*, responsáveis pelas refeições de todos os funcionários. Um dia, fui chamada na cozinha para experimentar um prato especial feito pelo Miguel, um dos nossos funcionários e ex-*chef* de um grande restaurante da Cidade do México. Entrei na cozinha e encontrei esses sanduíches estranhos, vermelhos e diabólicos, que eu nunca tinha visto ou provado antes. "Pambazos", ele me disse. Comida de rua popular no México, os pambazos são sanduíches quentes mergulhados em molho de pimenta e recheados com uma mistura de batata, chouriço e queijo. Embora eu tivesse acabado de almoçar e não estivesse com fome, não tive problemas em devorar o sanduíche inteiro, perguntando-me por que os burritos tinham conseguido um lugar de destaque na cultura gastronômica norte-americana, mas os pambazos, não. Porém, sabia que eles mereciam um lugar neste livro. Aqui está a receita que o Miguel me ensinou, incluindo o excelente molho mexicano de tomatillo (mas você pode comprar uma versão comercial do molho, se preferir).

MOLHO DE PIMENTA-GUAJILLO

80 gramas de pimentas-guajillo secas, sem as pontas

3½ xícaras de água

½ colher de chá de sal marinho

RECHEIO

450 gramas de batatas Yukon Gold (ou uma batata similar, como a ágata ou inglesa) inteiras

1 colher de chá de sal marinho

3 colheres de sopa de óleo neutro, como o de girassol, canola, abacate ou semente de uva; ou manteiga veganas

½ cebola-roxa, amarela ou branca, cortada em cubos

2 dentes de alho picados

180 gramas de chouriço vegano

Prepare o molho de pimenta-guajillo: coloque as pimentas e 3 xícaras de água numa panela e ferva em fogo médio por cerca de 10 minutos. Deixe o molho esfriar até a temperatura ambiente e bata no liquidificador até ficar homogêneo. (Se precisar fazer isso com o molho ainda quente, bata em velocidade baixa, em pequenas porções, com a tampa do liquidificador aberta.) Passe por uma peneira, adicionando a ½ xícara de água restante, para aproveitar o último restinho de molho. Descarte as sementes.

Enquanto o molho está cozinhando, prepare o recheio do pambazo: coloque as batatas inteiras numa panela com água suficiente para cobri-las, adicione o sal e leve para ferver em fogo alto. Reduza o fogo e cozinhe as batatas até que possa espetá-las com um garfo. Escorra as batatas, espere que esfriem um pouco e descasque-as, descartando as cascas.

Enquanto isso, aqueça o óleo ou a manteiga numa frigideira em fogo médio e refogue a cebola e o alho por cerca de 4 minutos, até ficarem macios. Adicione o chouriço e frite até dourar, por cerca de 2 minutos. Adicione as batatas à frigideira e amasse-as bem com o chouriço.

A RECEITA CONTINUA ➥

MOLHO DE TOMATILLO

120 gramas de tomatillos (tomate-mexicano) cortados em quatro

60 gramas de pimentas-jalapenho (2 ou 3 médias), sem as pontas e as sementes

4 cebolas-brancas ou amarelas cortadas em cubos

1 dente de alho descascado

½ colher de chá de sal marinho

8 pães bolillo (pãezinhos macios mexicanos; substitua por pães de sanduíche fofinhos se não os encontrar)

230 gramas de muçarela vegana ou defumada em fatias; ou a Muçarela de Búfala Fácil (p. 227)

Aproximadamente 3 xícaras de alface ralada

Prepare o molho de tomatillos: coloque os tomatillos, as pimentas-jalapenho, as cebolas, o alho e o sal num liquidificador e bata até obter a consistência desejada. Você pode bater até ficar homogêneo ou deixar o molho mais rústico.

Agora você já pode montar os sanduíches: preaqueça o forno a 200 °C. Forre uma assadeira com papel-manteiga.

Corte o pão ao meio, no sentido do comprimento. Tire o miolo da metade superior, deixando uma borda de mais ou menos 1,5 cm. (Descarte o miolo ou use-o para fazer farinha de rosca.) Recheie a cavidade com a mistura de batata e chouriço e cubra com a outra metade do pão. Repita até que todos os sanduíches estejam prontos. Agora pegue um sanduíche inteiro e mergulhe no molho de pimenta-guajillo para que fique coberto pelo molho vermelho. Coloque na assadeira preparada e asse por cerca de 10 minutos, até que o molho que envolve o sanduíche esteja seco (o recheio também deve estar aquecido).

Para completar os sanduíches: adicione algumas fatias de queijo, um pouco de alface ralada e molho de tomatillos. Em seguida, devore tudo enquanto estiver quente e deixe-se transportar para uma rua movimentada, barulhenta e cheia de vida da Cidade do México.

Sanduíche de Atum à Puttanesca

Rende 2 sanduíches

Um sanduíche de atum inspira familiaridade e sabor, mas raramente sensualidade – a menos que você adicione a tradição do puttanesca, molho italiano picante, salgado e sempre sedutor. (*Alla puttanesca* quer dizer "ao estilo de uma prostituta", em italiano.) A versão com espaguete supostamente recebeu esse nome porque as prostitutas de tempos antigos preparavam o prato para atrair clientes. Ou porque era algo que podiam cozinhar rapidamente entre um cliente e outro. Ou (existem tantas histórias!) porque o sabor ardido imitaria a personalidade das mulheres. Em qualquer caso, a combinação de tomate, alcaparra, azeitona, pimenta vermelha picante e (por tradição) anchovas se tornou um prato italiano típico. E esses mesmos sabores viciantes, combinados com atum livre de peixe e um bom molho de peixe vegano substituindo as anchovas, resultam num jantar rápido, mas incrível, feito principalmente com ingredientes da despensa.

2 colheres de chá de azeite extravirgem

1 dente de alho grande ralado

½ colher de chá de pimenta vermelha em flocos

½ xícara de azeitonas Kalamata sem caroço, picadas

2 tomates secos em conserva, macios, bem picados.

1 colher de sopa de alcaparras escorridas, picadas

170 a 200 gramas de atum vegano, sem sabor, drenado de qualquer líquido

1 colher de sopa de pimentão em conserva ou outro pimentão vermelho picante em conserva, bem picado

2 colheres de chá de molho de peixe vegano (ver o Glossário)

1 colher de sopa de manjericão fresco picado ou 1 colher de chá de manjericão desidratado

Sal Kosher e pimenta-do-reino moída na hora

4 fatias de pão branco (com 1,25 cm de espessura)

2 colheres de sopa de manteiga vegana em temperatura ambiente

100 gramas de queijo cheddar vegano fatiado

Numa panela pequena, aqueça o azeite em fogo médio. Adicione o alho e as pimentas vermelhas picantes, mexa e, em seguida, adicione as azeitonas, os tomates e as alcaparras. Continue mexendo por cerca de 1 minuto, até que a mistura comece a secar. Transfira para uma tigela pequena e adicione o atum, os pimentões, o molho de peixe e o manjericão, tempere com sal e pimenta-do-reino. Reserve.

Aqueça uma frigideira grande de ferro fundido ou antiaderente em fogo médio-baixo. Enquanto a panela aquece, prepare o pão, espalhando uma camada uniforme de manteiga num lado de cada pedaço. Adicione 2 pedaços de pão na frigideira, com o lado da manteiga para baixo; em seguida, divida o queijo entre as 2 fatias e coloque metade da mistura de atum em cima de cada camada de queijo. Cubra com o pão restante, com o lado da manteiga para cima, e frite por 3 a 4 minutos, até dourar. Vire os sanduíches com cuidado e doure por mais 3 a 4 minutos, ajustando o fogo conforme necessário; em seguida, transfira os sanduíches para pratos e sirva.

Tonkatsu (Costeletas de Porco Fritas Japonesas)

Serve 4 pessoas

O tonkatsu, espesso corte de porco empanado e frito, era uma das minhas comidas favoritas antes de eu me tornar vegetariana aos 12 anos. O tender vegano serve muito bem como substituto dessa carne. Sempre achei engraçado que, num mundo com uma infinidade de molhos, no Japão, o que é servido com o tonkatsu é chamado simplesmente de "molho". Claro, também pode ser chamado de "molho tonkatsu", mas geralmente é apenas "molho". Você pode comprar esse molho pronto (uma mistura escura e salgada, um pouco ácida, com toque de doçura, feita de soja, vegetais, frutas e açúcar) na maioria das lojas de produtos orientais ou até mesmo na internet. Se não conseguir encontrar, pode sempre substituir por uma mistura de ketchup e molho de soja (numa proporção de 2 para 1). Além do molho, o tonkatsu é normalmente servido com repolho ralado, sobre o qual você espalha mais "molho".

Outro prato popular, chamado "katsu-karei", é um pedaço de tonkatsu sobre o "arroz com curry" japonês (ver Karê de Carne, p. 142). É o máximo em comida caseira servido com uma boa porção de arroz. Nesse caso, dispense o "molho"! (Se for experimentar, dispense também a carne da receita da p. 142 e fique apenas com os legumes.)

1 xícara de farinha de trigo comum

1 xícara de água

¼ de xícara de linhaça moída

Aproximadamente 2 xícaras de farinha panko (farinha de rosca japonesa)

450 gramas de filés de tender vegano, com cerca de 1,5 cm de espessura

Óleo neutro para fritar, como o de girassol, canola, abacate ou semente de uva

Aproximadamente ½ xícara de molho tonkatsu

Aproximadamente 4 xícaras de repolho ralado

Arroz branco cozido de grãos médios ou curtos para servir

Providencie três tigelas: coloque a farinha de trigo numa tigela. Na segunda, misture a água e a linhaça e bata bem para fazer um "ovo" vegano. Na terceira, coloque a farinha panko. Pegue um pedaço do tender vegano e passe na farinha de trigo. Em seguida, mergulhe o filé na mistura de linhaça e depois passe-o na farinha panko. Despeje óleo numa fritadeira, wok ou panela, com profundidade de 5 cm, e aqueça a 190 °C. Se você não tiver um termômetro, pode testar a temperatura colocando um pedaço do tender vegano no óleo. Ele deve chiar, ir ao fundo e voltar à superfície devagar. Se ficar no fundo, a temperatura está muito baixa, e o tonkatsu ficará oleoso; se subir rapidamente, o óleo está muito quente, então abaixe o fogo e deixe esfriar um pouco. Frite os filés (2 de cada vez para não diminuir a temperatura do óleo) até dourarem de um lado e vire para dourar o outro lado. Escorra em papel-toalha e sirva com o "molho", repolho ralado e arroz.

Torta de Carne e Cheddar com Crosta de Biscoito com Cebolinha

Serve de 6 a 8 pessoas

Um prato substancial em que você tem tudo: carne vegana moída saborosa, um delicioso queijo cheddar e uma crosta de biscoito leve e crocante, com o toque de cebolinha e curry, que adiciona outro nível de sabor. Esta torta, acompanhada de uma grande salada verde com tomates suculentos, é uma ótima opção para agradar toda a família ou levar àqueles encontros em que cada um leva um prato.

RECHEIO

1 colher de sopa de azeite de oliva

1 cebola amarela ou branca cortada em cubos

2 dentes de alho picados

Sal marinho

340 gramas de carne moída vegana tipo "crua", comprada pronta ou carne moída vegana pré-cozida, como a da Gardein; ou Carne Moída de Nozes e Cogumelos sem Glúten e sem Óleo (p. 187), feita em casa.

2 xícaras de tomates assados ou enlatados escorridos

2 colheres de sopa de extrato de tomate

1 colher de sopa de missô, de qualquer tipo

1 colher de sopa de molho de soja, tamari ou Aminoácidos Líquidos Bragg (ver o Glossário)

1 colher de chá de manjericão desidratado

1 colher de chá de tomilho desidratado

1 colher de chá de curry em pó

½ colher de chá ou mais de pimenta vermelha em flocos

Pimenta-do-reino moída na hora

250 gramas de queijo cheddar vegano médio ou forte ralado

Preaqueça o forno a 180 °C.

Prepare o recheio: aqueça o azeite numa frigideira funda, junte as cebolas e o alho e refogue por cerca de 7 minutos, até ficarem translúcidos e macios. Polvilhe com sal e adicione a carne moída. Se estiver usando o tipo "cru", cozinhe de acordo com as instruções da embalagem, geralmente até dourar ou firmar. Se estiver usando pedaços pré-cozidos, apenas aqueça. Adicione os tomates, o extrato de tomate, o missô, o molho de soja, o manjericão, o tomilho, o curry em pó e as pimentas vermelhas esmagadas; tempere com sal e pimenta-do-reino; leve para ferver e cozinhe em fogo baixo por 5 a 10 minutos, até que os tomates se desmanchem e todos os ingredientes formem um molho encorpado. Transfira para uma forma redonda ou quadrada de 23 cm. Cubra a carne com o queijo ralado.

A RECEITA CONTINUA ➻

CROSTA DE BISCOITO

2 xícaras de farinha de trigo comum ou integral

1½ colher de sopa de fermento em pó

1 colher de chá de curry em pó

1 colher de chá de açúcar

1 colher de chá de sal marinho

6 colheres de sopa de óleo neutro, como o de girassol, canola, abacate ou semente de uva; ou manteiga vegana cortada em pedaços pequenos

1½ xícara de cebolinha ou alho-poró em fatias (partes branca e verde)

1 xícara de leite de soja, aveia ou amêndoa sem açúcar ou sabor "original"

Prepare a crosta de biscoito: misture a farinha, o fermento em pó, o curry em pó, o açúcar e o sal numa tigela. Mexa com um *fouet* para garantir que tudo esteja bem misturado. Se estiver usando óleo, basta adicioná-lo e mexer. Se estiver usando manteiga, corte-a com uma faca de pastelaria até formar pedaços do tamanho de ervilhas ou menores. Em seguida, misture as cebolinhas verdes. Por fim, adicione o leite e misture delicadamente até formar uma massa.

Coloque a mistura de biscoito sobre o queijo e espalhe suavemente para cobrir o recheio. Asse por cerca de 45 minutos, até que fique bem dourado e crocante por cima. Deixe esfriar por alguns minutos sobre a bancada e depois chame todos para aproveitar.

Conheça os animais

A combinação de carne moída e cheddar é, provavelmente, uma das combinações clássicas que definem a culinária norte-americana. As pessoas se surpreendem quando descobrem que ambos podem ter vindo da mesma vaca. Angel, que chegou ao Rancho Compasión ainda bezerro, teria dado leite anualmente por quatro a seis anos, momento em que teria sido "transformada" em carne barata. (Aproximadamente 20% da carne bovina nos Estados Unidos provém de vacas leiteiras aposentadas.) Felizmente, Angel escapou desse destino e se tornou a diva do santuário. Todos os animais se curvam perante sua graça e abrem passagem para ela. Angel tem até o próprio Guarda Real: Echo, o ganso, que tem por ela um amor sem limites e a segue aonde quer que ela vá. Se você é um estranho e Echo não o conhece, cuidado! Ele vai proteger a amada rainha de você.

Shepherd's Pie Rápida com Linguiça e Batata Amanteigada

Serve de 6 a 8 pessoas

Já conheci *pubs* ingleses que têm uma shepherd's pie[4] vegana no cardápio; ficava surpresa e encantada e pedia todas as vezes. Acho que essa versão rápida se destaca de todas as que já provei. Um purê de batatas amanteigado sobre um ensopado substancioso e encorpado pode aquecer uma multidão nas noites mais frias de inverno. Essa versão aromática, com cogumelos, tomilho e vinho branco, é mais leve que a maioria, mas ainda proporciona boa dose de conforto com menos de uma hora de preparo na cozinha.

Conheça os animais

Tenho que tirar o chapéu para a Inglaterra, que a cada dia se torna um dos lugares mais amigáveis ao veganismo do planeta. Seja em Londres ou na zona rural, um restaurante vegano está sempre a um passo de distância. O que nos leva a Goober, um porco da raça Berkshire, raça que se originou na Inglaterra do século XIX e é altamente valorizada pela carne. No Rancho Compasión, Goober é valorizado por ser um animal adorável e desengonçado. A adolescente que o criou como parte do clube 4H, projeto que enfatiza a importância da experiência prática no processo de aprendizado, se apaixonou por ele e por sua irmã, Gamber, e decidiu que eles mereciam viver uma vida natural num santuário em vez de se tornarem linguiça. Não tem nada que agrade mais a Goober que uma boa coçada na barriga, e, com mais de 300 quilos, é melhor ter cuidado para ele não cair em cima de você por acidente quando se deitar, para que você alcance melhor sua barriga. E você já viu um porco grande correr? Deveria ver Goober e Gamber correndo pelo campo quando são chamados!

---

[4] A Shepherd's Pie, ou "Torta do Pastor", é uma tradicional receita britânica que consiste numa camada de carne moída de cordeiro ou carneiro cozida com vegetais, coberta por uma camada de purê de batata. A torta é assada até que a parte superior fique dourada. (N. da T.)

1 quilo de batatas russet, descascadas e cortadas em pedaços de mais ou menos 2,5 cm

9 colheres de sopa de manteiga vegana

2 alhos-porós médios (partes branca e verde-clara apenas), cortados ao meio e em meias-luas de 1,5 cm

Sal kosher e pimenta-do-reino moída na hora

450 gramas de cogumelos cremini, aparados e cortados em quatro

1 colher de sopa de tomilho fresco picado

1 dente de alho picado

1 ¼ de xícara de vinho branco seco

2 xícaras de caldo de legumes

½ xícara de amido de batata

¼ de xícara de água fria

1 xícara de ervilhas congeladas

4 linguiças veganas do tipo "cruas" cortadas em fatias de 6 mm.

3 colheres de sopa de levedura nutricional (ver o Glossário)

½ xícara de creme azedo ou creme de leite vegano

Adicione cerca de 3 cm de água numa panela grande com cesta de vapor. Leve a água para ferver em fogo alto, adicione as batatas, cubra e cozinhe no vapor por 12 a 15 minutos, até que fiquem completamente macias. Transfira as batatas para uma tigela grande e deixe esfriar por 15 a 20 minutos enquanto você prepara o ensopado.

Enquanto isso, numa panela de ferro fundido ou outro recipiente resistente ao forno, com cerca de 25 cm de diâmetro e 10 cm de altura, derreta 2 colheres de sopa de manteiga em fogo médio. Adicione o alho-poró, tempere com sal e pimenta e refogue por cerca de 5 minutos, mexendo de vez em quando, até que o alho-poró amoleça. Adicione os cogumelos, o tomilho e o alho, tempere novamente com sal e pimenta e deixe no fogo por cerca de 10 minutos, até que os cogumelos liberem seu líquido e comecem a dourar. Adicione 1 xícara de vinho branco e mexa por cerca de 3 minutos, até que a maior parte do líquido evapore, raspando as crostas do fundo da panela (essa crosta ajuda a colorir e dar sabor ao ensopado). Adicione o caldo e deixe ferver. Numa tigela pequena, misture o amido de batata com a água fria até ficar homogêneo e, em seguida, adicione a mistura de amido à panela. Mexa de vez em quando, até que o ensopado ferva e engrosse. Tempere com sal e pimenta e depois adicione as ervilhas. Reserve.

Preaqueça o forno a 180 °C.

Enquanto os legumes cozinham, aqueça uma frigideira grande antiaderente em fogo médio-alto. Derreta 1 colher de sopa de manteiga e adicione as linguiças, tempere com sal e pimenta e frite, mexendo de vez em quando, por 5 minutos, ou até que as linguiças estejam mais douradas. Adicione as 4 xícaras restantes de vinho e mexa por 1 minuto ou até que a maior parte do líquido tenha evaporado. Use uma escumadeira para transferir as fatias de linguiça para o ensopado e mexa.

Adicione o levedo nutricional e as 6 colheres de sopa restantes de manteiga às batatas, tempere com sal e pimenta e amasse até obter consistência macia e fofa. Misture o creme de leite azedo e tempere com sal e pimenta, conforme necessário. Empilhe as batatas em montes sobre o ensopado, de modo que toda a superfície do ensopado fique coberta, e deixe a superfície mais plana, se desejar. Asse por cerca de 20 minutos, até que as batatas estejam douradas por cima. Retire do forno e sirva. (Se quiser preparar com antecedência, deixe que a parte inferior do ensopado e as batatas esfriem separadamente até a temperatura ambiente, depois cubra e leve à geladeira por até 3 dias. Depois monte e asse num forno pré-aquecido a 180 °C por 40 a 50 minutos, até que esteja bem quente.)

Enchiladas de Canjica e Carne Assada com Molho Verde Cremoso

Serve 8 pessoas

Experimente uma nova versão de enchiladas fartas e generosas, cobertas por um molho verde rico e picante, inspirado nos burritos do sul da Califórnia. O leite de coco confere a cremosidade perfeita ao molho sem encobrir os outros sabores, enquanto a carne vegana à base de seitan oferece a consistência ideal para equilibrar a canjica cremosa. Adicione o queijo tipo pepper jack vegano, que tem sabor picante e profundo por si só, e você terá um novo prato favorito na sua casa. Elas são deliciosas com frango ou carne bovina, então escolha qual você prefere!

Para um sabor mais complexo e picante, substitua os pimentões verdes pela pimenta-poblano e aumente as pimentas-jalapenho em conserva para 1 xícara.

MOLHO

2 colheres de sopa de azeite extravirgem

1 cebola amarela picada

2 pimentões verdes grandes picados

Sal kosher e pimenta-do-reino moída na hora

1 pimenta-jalapenho picada

2 dentes de alho picados

2 xícaras de caldo de legumes

1 maço de coentro fresco (cerca de 85 gramas), com os talos, picado grosseiramente (aproximadamente 2 xícaras de coentro picado)

2 frascos (400 ml) de leite de coco integral

¾ de xícara de pimentas-jalapenho em conserva (suaves ou picantes) com o líquido da conserva ou a gosto

Primeiro, faça o molho: aqueça uma frigideira grande de borda alta em fogo médio. Adicione o azeite, depois a cebola, e refogue por cerca de 3 minutos, mexendo de vez em quando, até que ela comece a amolecer. Adicione os pimentões, as pimentas-jalapenho frescas e o alho, tempere com sal e pimenta-do-reino e deixe no fogo por mais 6 a 8 minutos, mexendo de vez em quando, até que todos os pimentões tenham perdido a cor brilhante e as cebolas comecem a dourar. Adicione o caldo, o coentro, o leite de coco e as pimentas-jalapenho em conserva, mexa e deixe ferver. Reduza o fogo e cozinhe por mais 15 a 20 minutos, mexendo de vez em quando, até que o coentro tenha adquirido tonalidade mais escura. Usando um mixer de mão (ou um liquidificador), processe a mistura até obter um molho cremoso. Transfira-o para uma tigela grande e larga, tempere com sal e pimenta-do-reino e reserve. (O molho pode ser resfriado em temperatura ambiente, coberto e guardado na geladeira por até 3 dias. Leve de volta à temperatura ambiente antes de continuar, adicionando um pouco de água para soltar o molho, se necessário.)

Preaqueça o forno a 190 °C.

ENCHILADAS

450 gramas de carne vegana estilo carne assada ou frango, descongelada, preparada de acordo com as instruções da embalagem; ou carne vegana caseira, como o Bife Suculento Grelhado na Brasa (p. 180; use 2 bifes), o Brisket Maravilhoso (p. 184), o Frango Suculento Caseiro (p. 202) ou o Frango vegano assado (p. 204)

½ colher de chá de cominho em pó

Sal kosher e pimenta-do-reino moída na hora

400 ml de canjica branca pronta

350 gramas de queijo vegano ralado

16 tortilhas de milho (15 cm cada)

Creme azedo ou creme de leite vegano para servir

Coentro fresco picado para servir

Faça as enchiladas: enquanto o molho está cozinhando, prepare o recheio. Aqueça uma frigideira antiaderente grande em fogo médio-alto. Adicione a carne à panela e tempere com cominho, sal e pimenta-do-reino. Frite por cerca de 3 minutos, até que a carne esteja aquecida e com partes douradas. Transfira a carne para uma tigela e misture a canjica; quando o molho estiver pronto, adicione 1 xícara dele e cerca da metade do queijo ao recheio. Misture bem.

Coloque as tortillas num prato. Espalhe 1 xícara de molho em cada uma de duas assadeiras de 20 cm por 30 cm. (Você também pode espalhar 2 xícaras de molho numa assadeira grande o suficiente para acomodar 16 enchiladas, se preferir.) Ponha cada uma das tortillas sobre a chama do fogão, por cerca de 30 segundos de cada lado, até ficar dourada em alguns pontos dos dois lados. (Isso evita que as enchiladas fiquem encharcadas. Se você não tiver fogão a gás, pode fazer isso numa grelha do forno em fogo médio.) Coloque a tortilla numa superfície de trabalho limpa e espalhe cerca de ¼ de xícara do recheio na parte mais larga da tortilla. Enrole-a sobre o recheio e transfira com cuidado para a assadeira, com a dobra para baixo. Repita o mesmo processo com todas as tortillas e o recheio restante, organizando 8 enchiladas em cada assadeira (se estiver usando duas assadeiras). Regue uniformemente o molho restante sobre todas as enchiladas, cobrindo as bordas das tortillas para que não fiquem ressecadas. Polvilhe com o queijo ralado restante. (Você pode cobrir as enchiladas e guardá-las na geladeira por até 4 horas antes de continuar.) Asse as enchiladas por 20 minutos ou até que o queijo esteja levemente dourado e as enchiladas estejam bem quentes por dentro. (As enchiladas refrigeradas levarão de 5 a 10 minutos a mais.) Sirva-as em seguida (elas podem ficar em temperatura ambiente por até 30 minutos sem perder muito calor), com creme azedo e coentro.

Peixe Empanado na Cerveja e Batatas fritas

Serve 4 pessoas

Quando criança, lembro que costumava ir de carro com meu pai até Sausalito, Califórnia, comer peixe empanado com batatas fritas numa pequena lanchonete. O peixe vinha em bandejas forradas com jornal para absorver o óleo. Nessa nova terra para onde eu havia acabado de imigrar, essa era a coisa mais próxima dos peixes que eu comia no Japão e logo se tornou um dos meus pratos favoritos. Em Londres, provei versões veganas de peixe e batatas fritas feitas simplesmente com tofu envolto em nori, empanado e frito (mas, mesmo nos melhores *pubs* britânicos, isso nunca chegava a me satisfazer). O peixe tem que ser um pouco desfiado, e é por isso que a jaca funciona melhor nesta receita. Claro, você pode servir com molho tártaro, mas para mim é o vinagre de malte que traz de volta aquelas lembranças queridas de Sausalito.

900 gramas de batatas lavadas (descascadas ou com casca)

2 colheres de sopa de azeite de oliva

1 colher de chá de páprica defumada.

Sal marinho e pimenta-do-reino moída na hora

300 ml de cerveja, de preferência lager ou pilsner

1 pitada de bicarbonato de sódio

1 xícara de farinha de trigo

Óleo neutro, como o de girassol, canola, abacate ou semente de uva

8 filés de Peixe de Jaca (p. 224)

Vinagre de malte para servir

Preaqueça o forno a 230 °C. Forre uma assadeira com papel-manteiga. Comece pelas batatas fritas, pois elas levarão de 20 a 30 minutos para assar. Corte as batatas em formato de palitos grossos ou em rodelas. Espalhe-as na assadeira preparada, regue com o azeite de oliva e polvilhe com a páprica defumada. Tempere com sal e pimenta. Misture bem. Asse até que as batatas fiquem douradas e crocantes por fora, mas macias por dentro.

Enquanto as batatas estão assando, prepare a massa para empanar o peixe e fritar: despeje a cerveja numa tigela média e adicione ½ colher de chá de sal e o bicarbonato de sódio. Misture bem. Em seguida, junte a farinha de trigo e misture até obter uma massa homogênea.

Aqueça o óleo numa wok ou fritadeira funda, garantindo que haja pelo menos 5 cm de óleo na panela. Quando atingir a temperatura de 180 °C, mergulhe os pedaços de peixe na massa para que fiquem bem cobertos e frite-os (não coloque muitos pedaços de uma vez para não esfriar o óleo) por cerca de 3 minutos de cada lado. Escorra bem em papel-toalha. Para a experiência completa, sirva o peixe e as batatas num cone de papel ou simplesmente coloque num prato. Sirva com vinagre de malte para pingar ou mergulhar.

CAPÍTULO 3

Maravilhas para as Noites da Semana

Sempre me perguntam se ainda cozinho, agora que vivo tão ocupada com a administração da minha empresa. Acho essa pergunta engraçada, porque sinto que cozinhar está no meu sangue. É assim que relaxo quando chego em casa do trabalho. Mas nem sempre foi assim. Durante anos, como acontece com muitos pais e mães, colocar o jantar na mesa para a família era algo estressante para mim. Não me entenda mal, eu adorava cozinhar. Mas detestava a pressão de satisfazer às necessidades de todos em 30 minutos ou menos.

Felizmente, estou num momento da vida em que não preciso mais colocar o jantar na mesa ou encarar a ira de crianças gritando. Agora posso me servir de uma taça de vinho, colocar uma música para tocar e começar a relaxar na minha cozinha, onde bloqueio todas as perturbações do dia a dia. Começo tirando coisas aleatórias da geladeira, muitas vezes sem um plano definido, disposta a ver aonde a inspiração me levará naquela noite. Apesar de ter paixão por cozinhar, geralmente chego em casa tarde do trabalho e sem a mínima disposição para fazer uma meditação culinária de 3 horas. O tempo ainda é essencial, mesmo que seja apenas para você e mais alguém ou só para você. As receitas aqui são rápidas (30 minutos ou menos) ou podem demorar um pouco mais, mas requerem tão pouco tempo de preparo que você pode relaxar ou ajudar as crianças com a lição de casa enquanto as panelas estão no fogo.

Caldo Cremoso de Frango com Milho

Serve de 6 a 8 pessoas

Precisamos conversar sobre como você trata uma espiga de milho na cozinha. Não, não é sobre o modo como você a coze. (Creio que você já saiba que não deve fervê-la por horas.) É sobre quando você corta o milho da espiga para fazer sopas, saladas e tudo mais. Quando você separa os grãos da espiga com uma faca afiada, perde a melhor parte dela: a raiz doce e leitosa de cada grão que, quando raspada da espiga com a parte cega da faca, produz um creme vegetal que adiciona consistência, textura e sabor incrível, digamos, a um caldo com pimenta-poblano, tomatillos, batatas e frango vegano. Na verdade, esse creme dispensa espessantes e evita o gosto de amido que encobre o sabor dos outros vegetais. Experimente e você nunca mais vai desperdiçá-lo.

2 pimentas-poblano grandes (cerca de 340 gramas)

6 tomatillos médios (cerca de 340 gramas), sem pele

3 colheres de sopa de azeite extravirgem

1 alho-poró grande (as partes branca e verde-clara apenas), dividido ao meio no sentido do comprimento e cortado em pedaços de 0,5 cm

3 talos grandes de aipo, cortados em pedaços de 10 cm (aproximadamente 1 xícara)

2 colheres de chá de orégano fresco picadinho

Sal kosher e pimenta-do-reino moída na hora

2 colheres de chá de tempero Old Bay

6 xícaras de caldo de legumes

Toste as pimentas-poblano numa grelha colocada diretamente sobre a chama do gás, por cerca de 5 a 7 minutos, até ficarem com bolhas e completamente queimadas, virando-as com um pegador. Transfira-as para uma tigela grande, cubra-as com filme-plástico (ou coloque-as num recipiente plástico com tampa) e reserve. Repita o processo com os tomatillos, assando-os e virando-os por 3 a 4 minutos. Junte-os às pimentas e volte a tampar. Reserve. (Você também pode queimar os vegetais colocando-os numa grelha do forno, por 4 a 5 minutos, virando-os a cada minuto, mais ou menos.)

Aqueça uma panela grande em fogo médio. Adicione 2 colheres de sopa de azeite de oliva e o alho-poró e mexa de vez em quando, até ele ficar macio e dourado em alguns pontos, cerca de 3 minutos. Adicione o aipo e o orégano, tempere com sal e pimenta-preta e refogue por mais 3 minutos. Misture o tempero Old Bay até cobrir todos os vegetais e, em seguida, adicione o caldo e as batatas. Deixe ferver. Cozinhe por cerca de 10 minutos em fogo baixo, até que as batatas estejam macias. Amasse-as com o amassador para obter pedaços menores, mas não um purê.

A RECEITA CONTINUA ➻

450 gramas de batatas Yukon Gold (ou uma batata similar, como a ágata ou a inglesa), limpas e cortadas em cubos de 1,5 cm

4 espigas de milho branco, descascadas

300 gramas de frango vegano comprado pronto descongelado; ou frango vegano caseiro, como Frango Suculento Caseiro (p. 202); ou Frango Assado Saboroso (p. 204), cortado em cubos de aproximadamente 1,5 cm

¼ de xícara de suco de pimenta-jalapenho em conserva, mais a gosto

½ xícara de creme azedo ou creme de leite vegano

Coentro fresco picado para servir

Biscoitos de ostra vegana para servir

Tire a pele e as sementes das pimentas-poblano e dos tomatillos e lave-os em água corrente. Pique ambos e os tomatillos em pedaços de cerca de 1,5 cm. Reserve.

Em seguida, corte a espiga de milho. Coloque-a numa tábua de corte e passe uma faca grande ao longo dela, cortando uma longa tira com cerca de 3 grãos de largura. Gire a espiga e corte outra tira. Repita o processo até que todos os grãos tenham sido cortados. Agora, coloque a espiga em pé na tábua e, usando o lado cego da faca, raspe-a para soltar a parte restante de cada grão ainda preso – você deve retirar de 1 a 2 colheres de sopa de um líquido cremoso, o qual vai usar. Repita o processo com as 3 espigas restantes.

Quando as batatas estiverem prontas, adicione na panela as pimentas-poblano, os tomatillos, os grãos de milho e o líquido cremoso retirado das espigas, misture e deixe cozinhar por 5 minutos. Tempere com sal e pimenta-do-reino. (Se quiser preparar o caldo com antecedência, pare neste ponto, deixe esfriar até a temperatura ambiente e leve à geladeira por até 3 dias. Quando for servir, aqueça até voltar a ferver antes de continuar.)

Aqueça uma frigideira pequena em fogo médio-alto. Adicione a colher de sopa restante de azeite de oliva e o frango e tempere com sal e pimenta-do-reino. Frite por cerca de 5 minutos, mexendo de vez em quando, até ficar macio e dourado em todos os lados. Adicione o suco de pimenta-jalapenho e frite por mais 1 minuto ou até que a maior parte do líquido tenha evaporado.

Misture o frango na panela com os vegetais e deixe a sopa descansar por 5 minutos fora do fogo. Bata o creme de leite azedo com um garfo até ficar cremoso, tempere com o suco de pimenta-jalapenho em conserva, sal e pimenta-do-reino. Sirva quente, com coentro e biscoitos de ostra vegana (a maioria é vegana).

Observação: se sobrar caldo, ele precisa ser aquecido com cautela para que o frango mantenha a forma (alguns frangos veganos se desintegram quando aquecidos demais). Espere o caldo chegar à temperatura ambiente por cerca de 1 hora, se possível, e depois o aqueça em fogo baixo, mexendo delicadamente de vez em quando.

Ensopado de Chouriço Espanhol, Couve e Grão-de-Bico

Serve 4 pessoas

Em grande parte da Europa, a ideia de comida rápida é totalmente oposta ao conceito de desfrutar de uma boa refeição, o que significa que, mesmo quando você está na estrada, sempre há um lugar com um bom almoço. Na França, você encontra restaurantes de estrada com boeuf bourguignon no cardápio. Na Itália, você verá os viajantes apreciando uma massa artesanal ao lado de bombas de gasolina; e, nas áreas rurais da Espanha, é provável que encontre um ensopado de chouriço temperado com pimentón de la Vera defumado e uma fatia de tortilla espanhola (omelete de batata). Esta é a minha versão vegana de ensopado de chouriço, feita com uma combinação de chouriço de soja, couve, grão-de-bico e batata-doce; minha versão vegana é um alimento nutritivo e substancioso.

3 colheres de sopa de azeite extravirgem

1 cebola amarela ou branca pequena, picada

2 dentes de alho bem picados

1 maço pequeno (180 gramas) de couve toscana ou verde, sem os talos, picada

Sal kosher e pimenta-do-reino moída na hora

4 colheres de chá de páprica espanhola defumada (pimentón de la Vera)

1 colher de sopa de extrato de tomate

½ colher de chá de orégano desidratado

1 batata-doce pequena, descascada se desejar, cortada em cubos de 1,5 cm

1 lata (400 gramas) de grão-de-bico escorrido

4 xícaras de caldo de legumes, mais um pouco, se necessário

180 gramas de chouriço vegano

1 colher de sopa de vinagre de xerez, mais a gosto

Numa panela grande e pesada de sopa, aqueça 2 colheres de sopa de azeite em fogo médio. Adicione as cebolas e refogue, mexendo de vez em quando, por 3 minutos ou até começarem a amolecer. Adicione o alho e refogue por mais 1 minuto ou mais, mexendo sempre; depois, adicione a couve e tempere com sal, a pimenta e a páprica. Mexa de vez em quando, até que a couve murche, por cerca de 5 minutos. Adicione o extrato de tomate e o orégano e mexa até que o extrato cubra uniformemente a couve. Adicione a batata-doce, o grão-de-bico e o caldo, deixe ferver e depois reduza o fogo. Mantenha-o baixo enquanto prepara o chouriço.

Numa frigideira grande antiaderente, aqueça em fogo médio-alto a colher de sopa restante de azeite. Tire o chouriço da embalagem plástica e coloque na frigideira em porções do tamanho de nozes. Elas não serão atraentes, mas deixe-as na frigideira por cerca de 3 minutos, até que o chouriço esteja bem dourado de um lado. Vire-o delicadamente, espalhe-o numa camada fina na frigideira e deixe dourar novamente, sem mexer, por cerca de 3 minutos. (O chouriço é naturalmente quebradiço e se desfará bastante na sopa; aqui, você só quer que ele doure bem na frigideira para dar textura). Adicione o chouriço (e qualquer óleo que se acumule) ao ensopado e mexa delicadamente. Acrescente o vinagre, tempere com sal, pimenta e mais vinagre a gosto, adicione um pouco mais de caldo, se preferir a sopa mais líquida, e sirva bem quente. Você pode deixá-la esfriar à temperatura ambiente, refrigerar e cobrir por até 3 dias antes de reaquecer e servir.

Lámen Picante de Missô

Como todo bom japonês, entendo de lámen. Cresci comendo isso. O lámen instantâneo era nosso equivalente ao popular macarrão com queijo norte-americano. No Japão, o verdadeiro lámen (não o instantâneo) pode ser um almoço, um lanche ou o que você come num quiosque numa rua da cidade à meia-noite, depois de uma noitada num bar. Então, vamos ser sinceros. Este não é um lámen autêntico. Quebrei todas as regras usando macarrão à base de feijão (o que significa que a receita não tem glúten se você também usar tamari em vez de molho de soja) e adicionando um toque de inspiração latina com o chouriço (ou você pode manter um sabor mais oriental usando carne vegetal vegana). Como o macarrão não é feito de trigo, não é necessário cozinhá-lo separadamente; ele é adicionado diretamente ao caldo e aos temperos, e você pode chamar todos para a mesa em quinze minutos. Seja numa noite fria de inverno ou às vinte e três horas depois de uma noite bebendo, será delicioso.

8 xícaras de caldo vegano de frango

1 colher de sopa de molho de soja ou tamari

150 gramas de champignons ou cogumelos cremini fatiados (2 xícaras)

4 xícaras de folhas de couve bem picadas ou cortadas em tirinhas ou um pacote de folhas de baby espinafre inteiras

250 gramas de espaguete de edamame (soja verde) ou espaguete de feijão-preto (ver a Observação)

2 colheres de sopa de alho bem picado

180 gramas de chouriço vegano comprado pronto ou carne moída vegana (se estiver usando o tipo "cru", prepare antes, de acordo com as instruções da embalagem); ou Carne Moída "Crua" Caseira (p. 185) ou Carne de Frango Moída Caseira (p. 210)

4 colheres de sopa de missô branco ou de grão-de-bico

1 colher de sopa de molho chinês de alho e pimenta ou molho de pimenta sriracha

1 colher de sopa de óleo de gergelim torrado

4 cebolinhas (com as partes branca e verde-clara) cortadas em fatias finas

Tenha tudo preparado, pois, assim que começar a cozinhar, o lámen estará pronto em 15 minutos. Numa panela grande, leve o caldo para ferver e adicione o molho de soja, os cogumelos, a couve (se estiver usando espinafre, espere e adicione no final) e o macarrão. Cozinhe em fogo brando por cerca de 5 minutos; em seguida, adicione o alho e o chouriço e cozinhe por mais 2 a 3 minutos, até que o macarrão esteja *al dente*. Desligue o fogo. Misture o missô, o molho de pimenta e o óleo de gergelim. Se estiver usando espinafre, adicione as folhas agora. Divida em quatro tigelas fundas e adicione cebolinha-verde picada para decorar.

Observação: se você não encontrar macarrão à base de feijão, pode substituir por macarrão de trigo, mas este deixará o caldo mais espesso e não é livre de glúten.

Linguine com Vieiras ao Alho, Limão e Ervas

Serve 4 pessoas

Feito com vieiras veganas à base de cogumelo, um limão bem espremido e muitas ervas frescas e macias, este prato de massa leve e primaveril não vai deixar você prostrado no sofá após o jantar. E como você pode preparar as vieiras enquanto espera a água ferver e grelhá-las enquanto a massa cozinha, esta receita é ótima para as noites da semana, embora também seja impressionante o suficiente para servir a convidados. Se você gosta de sabor um pouco picante, adicione na frigideira uma pitada ou duas de pimenta vermelha em flocos quando acrescentar o alho.

Sal kosher

450 gramas de linguine ou outra massa longa

Aproximadamente 450 gramas (1 receita completa) de Vieiras Vapt-Vupt na Manteiga (p. 222), cozidas, retiradas do fogo e deixadas na frigideira

1 colher de sopa de raspas de limão mais ¼ de xícara de suco de limão (de 2 limões grandes)

2 dentes de alho ralados

Pimenta-do-reino moída na hora

4 colheres de sopa de manteiga vegana cortada em pedaços pequenos

1 xícara bem cheia de ervas frescas macias picadas grosseiramente, como endro, estragão, cebolinha e salsinha

Coloque uma panela grande com água para ferver, para cozinhar o linguine. Adicione a massa e o sal e cozinhe de acordo com as instruções da embalagem, por cerca de 8 minutos, até ficar quase *al dente*. Alguns minutos depois de iniciar o cozimento, retire 1 xícara da água da massa e reserve para o molho.

Quando a massa estiver quase pronta, adicione a água reservada à frigideira com as vieiras. Acrescente as raspas e o suco de limão e o alho e mantenha em fogo baixo para manter aquecido.

Escorra a massa e volte-a para a panela. Adicione as vieiras e o molho e mexa por alguns minutos em fogo baixo, até que cada fio de massa esteja coberto com o molho e o líquido esteja quase evaporado. Tempere com sal e bastante pimenta; em seguida, acrescente a manteiga e todas as ervas, exceto uma pequena porção, e misture. Transfira a massa para quatro tigelas, cubra com as ervas restantes e sirva bem quente.

Fettuccine com Abóbora Assada, Linguiça e Muçarela

Serve 4 pessoas

Uma boa vegana derrete maravilhosamente bem numa pizza, mas, ao contrário da muçarela tradicional, ela também derrete bem num molho. Adoro misturá-la a um fettuccine outonal com abóbora e linguiça picante, porque o queijo reveste cada fio com sabor. Para algo ainda mais marcante, com uma camada extra de sabor, experimente a muçarela defumada!

Sal Kosher

1 abóbora-menina (umas 900 gramas) em cubos

2 colheres de sopa de azeite extravirgem

2 colheres de chá de tomilho fresco picado

Pimenta-do-reino moída na hora

450 gramas de fettuccine (ou uma massa longa similar)

450 gramas (4 gomos) de linguiça italiana vegana picante

250 gramas de muçarela fresca vegana comprada pronta ou defumada ou a Muçarela de Búfala Fácil (p. 227), cortada em pedaços

4 xícaras de salsinha fresca picada grosseiramente, e mais para servir

Preaqueça o forno a 200 °C. Forre uma assadeira com papel-manteiga. Leve uma panela grande de água salgada para cozinhar a massa.

Descasque e retire as sementes da abóbora; depois, corte em cubos de 1,5 cm (você deve obter cerca de 4 xícaras) e transfira para uma tigela. Adicione o azeite e o tomilho, tempere com sal e pimenta e misture para revestir todos os cubos uniformemente. Transfira a abóbora para a assadeira preparada, espalhando numa camada única, e asse por 20 minutos ou até ficar dourada e macia ao furar com um garfo, girando a assadeira e mexendo a abóbora na metade do tempo. Reserve.

Quando a água começar a ferver, cozinhe a massa *al dente,* de acordo com as instruções da embalagem, por cerca de 10 minutos. Escorra, reservando 2 xícaras da água do cozimento da massa.

Enquanto a massa cozinha, aqueça uma frigideira grande antiaderente em fogo médio-alto. Adicione a linguiça e frite, virando de vez em quando, por cerca de 6 minutos, até que a linguiça esteja uniformemente dourada em todos os lados e cozida por completo. Retire a frigideira do fogo. Transfira as linguiças para uma tábua de cortar e corte-as em rodelas de 1,5 cm.

Volte a massa escorrida para a panela, com 1 xícara da água do cozimento da massa reservada e o queijo. Misture bem com pegadores; em seguida, quando o queijo estiver quase derretido, adicione a linguiça, a abóbora e a salsinha, adicionando mais água do cozimento reservada se você desejar um molho mais líquido. Tempere com sal e pimenta. Sirva quente, coberto com mais salsinha e pimenta.

Espaguete ao Molho de Tomate com Carne

Serve de 4 a 6 pessoas

Embora um jantar robusto e substancioso de espaguete faça parte do repertório da maioria das pessoas durante a semana, a maior parte delas começa abrindo um pote de molho pronto. O tipo de que mais gosto é um molho substancial e saboroso feito em casa, cozido lentamente por várias horas, com pausas para mexer e provar, mas essa pode parecer uma tarefa pesada às cinco da tarde de uma quarta-feira. Esta versão se aproveita da reputação de que os fornos têm de ser cuidadores confiáveis. Comece colocando todos os ingredientes numa assadeira (note a harissa, que acrescenta profundidade e um toque de pimenta) e depois concentre-se no que mais precisa ser feito. Enquanto está ocupado, o vinho vai reduzir, os diferentes tipos de tomate vão amolecer e adoçar em diferentes ritmos, e as ervas vão liberar seus sabores, deixando você com uma refeição deliciosamente saborosa que, na maior parte do tempo, cozinha por si só (mas não deixa respingos no balcão). Não é instantâneo, mas requer muito pouco de seu recurso mais limitado: sua atenção.

Conheça os animais

Uma vez, tivemos uma alma linda no santuário chamada Ericka – uma vaca de leite holandesa com artrite que seria abatida jovem porque não conseguia ficar em pé por muito tempo. Ela era mansa com todos no Rancho Compasión e se tornou a "irmã mais velha" de Angel, um bezerro órfão na época, e uma boa amiga para Goober, o porco Berkshire. Era uma gigante gentil que nunca machucou ninguém. Nos poucos anos no santuário, Ericka costumava correr com exuberância pelas encostas, expressando uma alegria de viver que era um prazer contemplar. Era uma embaixadora para todos os animais de criação. Infelizmente, seu corpo finalmente cedeu à deformidade severa. Até hoje, sentimos falta dessa bela senhora.

¼ de xícara de azeite extravirgem

1 lata (400 gramas) de tomates San Marzano ou tipo italiano inteiros descascados

1 lata (400 gramas) de polpa de tomate

1 cebola pequena branca, cortada em quatro no sentido do comprimento e depois em fatias finas

1 cenoura cortada em cubinhos

1 talo de salsão cortado em cubinhos

5 dentes de alho descascados e amassados

¼ de xícara de folhas de manjericão fresco rasgadas (de 3 ramos grandes), mais um pouco para servir

3 ramos de orégano fresco

3 ramos de tomilho fresco

1 colher de sopa de harissa, ou a gosto

1 colher de chá de sal kosher, mais um pouco para temperar

Pimenta-do-reino moída na hora

2 xícaras de vinho tinto seco

350 gramas de carne vegana moída pré-cozida, 450 gramas de carne vegana moída do tipo "crua", cozida de acordo com as instruções da embalagem; ou Carne Moída "Crua" Caseira (p. 185)

450 gramas de espaguete

Queijo parmesão vegano ou o Parmesão Caseiro (p. 228); ou o Parmesão de Nozes Rápido (p. 169) para servir (opcional)

Posicione a grade do forno na posição intermediária e preaqueça o forno a 200 °C.

Espalhe azeite no fundo de uma assadeira grande e pesada (aproximadamente 20 cm por 30 cm). Adicione os tomates inteiros e a polpa, a cebola, a cenoura, o salsão, o alho, o manjericão, o orégano, o tomilho, a harissa, o sal e bastante pimenta. Despeje o vinho sobre tudo, depois misture bem, usando as mãos para desmanchar os tomates e separar as fatias de cebola.

Asse o molho por 1 hora. Mexa o molho (se preferir um molho mais liso, você pode batê-lo com um mixer de mão), depois esfarele a carne e misture. Asse por mais 30 minutos ou até que o molho comece a caramelizar nas bordas da assadeira e engrosse um pouco. Tempere com sal e pimenta. (Você pode fazer o molho antecipadamente e deixar esfriando até ficar à temperatura ambiente; em seguida, continuar a receita ou guardar na geladeira, coberto, por até 3 dias. Reaqueça por 10 a 15 minutos num forno preaquecido a 200 °C antes de prosseguir.) Retire e descarte quaisquer talos de ervas.

Cerca de 20 minutos antes de servir, ferva a água com sal para cozinhar o macarrão. Cozinhe a massa *al dente* de acordo com as instruções da embalagem, escorra e sirva com o molho de carne. Enfeite com manjericão e queijo.

Rolinho de Carne Moída, Duxelles e Pesto de Tomate Seco

Serve de 4 a 6 pessoas

O que são duxelles? Parece algo chique, com certeza, mas são apenas cogumelos picadinhos. Os duxelles adicionam um sabor que complementa ou realça qualquer carne vegana, elevando-a a outro nível. Sim, ele parece sofisticado, mas é uma base simples para um prato bonito que enfeitará sua mesa de jantar durante a semana. Claro, você pode usar conchigliones, mas fazer esse prato com massa de lasanha é muito mais fácil. Basta enrolar a massa com o recheio, espalhar o pesto por cima e pronto, ou você pode aquecê-la no forno por um tempo enquanto ajuda seus filhos com a lição de casa. É um sabor um pouco refinado, mas seus filhos vão adorar. E, se estiver com pouco tempo, esqueça o pesto de tomate seco e use um vidro de um bom molho de tomate; abra, aqueça e coma.

PESTO DE TOMATE SECO

100 gramas de tomates secos deixados de molho em água morna por 15 minutos ou até ficarem macios

1 xícara bem cheia de folhas de manjericão fresco

¼ de xícara de azeite de oliva

½ xícara de nozes

2 colheres de sopa de fermento nutricional (ver o Glossário)

1 colher de sopa de missô branco ou de grão-de-bico

4 a 6 dentes de alho descascados

ROLINHOS

Sal marinho

300 gramas de massa de lasanha (6 a 12 massas de lasanha, dependendo do tamanho)

300 gramas de champignons ou cogumelos cremini cortados ou partidos ao meio com as mãos

4 dentes de alho picados grosseiramente

2 colheres de sopa de azeite de oliva, mais um pouco para a frigideira

350 gramas de carne moída vegana ou Carne Moída de Nozes e Cogumelos sem Glúten e sem Óleo (p. 187); ou Carne Moída "Crua" Caseira (p. 185)

Preaqueça o forno a 180 °C.

Faça o pesto de tomate seco: escorra os tomates secos e, em seguida, misture todos os ingredientes num processador de alimentos e pulse até a mistura ficar relativamente homogênea. (Observação: se você deseja que seu pesto fique mais parecido com um molho, reserve cerca de 1 xícara da água de cozimento da massa e misture no pesto, até obter a consistência desejada.)

Faça os rolinhos: leve uma panela grande de água com sal para ferver. Adicione as massas de lasanha e cozinhe até ficarem *al dente*, de acordo com as instruções da embalagem. Escorra.

Enquanto isso, prepare o recheio. Coloque os cogumelos e o alho num processador de alimentos e pulse até ficarem bem picados. Não deixe que se torne uma pasta. Aqueça o óleo em fogo médio numa frigideira grande e adicione os cogumelos e o alho. Refogue por cerca de 3 minutos, até dourarem; em seguida, adicione a carne moída, a sálvia e o manjericão e cozinhe por cerca de 3 minutos, até que a carne esteja dourada.

Enquanto os cogumelos e a carne estão no fogo, adicione as castanhas-de-caju e a água num liquidificador de alta velocidade e bata até obter um creme de castanha cremoso e suave. Despeje o creme de castanha na panela, adicione o vinho e o fermento nutricional, leve para ferver e cozinhe em fogo brando por cerca de 2 minutos para engrossar o molho. Tempere com sal e pimenta.

½ colher de chá de sálvia desidratada

1 colher de chá de manjericão desidratado

⅔ de xícara de castanhas-de-caju cruas, sem sal

1 ¼ de xícara de água

2 colheres de sopa de vinho branco

1 colher de sopa de fermento nutricional (ver o Glossário)

Pimenta-do-reino moída na hora

Agora é hora de rechear e enrolar a massa. Coloque de ¼ a ½ xícara do recheio num quadrado de massa (dependendo do tamanho dela), espalhe-o ao longo dela e enrole. Coloque os rolinhos numa assadeira untada de 20 cm por 30 cm, com a parte da emenda para baixo. Cubra com papel-alumínio e asse por 10 a 15 minutos, até ficarem bem quentes. Sirva com o pesto de tomate seco espalhado por cima.

Tigela de Carne com Kimchi

Serve de 4 a 6 pessoas

Apesar de incluir kimchi, tipo de acelga temperada em conserva típica da cozinha coreana, esta receita não é um prato coreano autêntico, mas uma solução rápida ao estilo oriental para os momentos em que você não sabe o que fazer para o jantar durante a semana. Sirva com arroz, quinoa ou outro grão que absorva seu suculento molho. É uma solução completa numa tigela que oferece sabores salgados, frescor e nutrientes para toda a sua família.

1 colher de sopa de óleo de amendoim, abacate, canola ou gergelim não torrado

1 cebola amarela ou branca fatiada

6 dentes de alho picados

120 gramas de cogumelos shitake frescos (2 xícaras) sem o talo e cortados ao meio

300 gramas de carne vegana comprada pronta ou tiras, pedaços ou filés de seitan ou fatias de Bife Suculento Grelhado na Brasa (p. 180)

½ xícara de kimchi

1 maço de cebolinha, cebolinha-chinesa ou alho-de-folha, cortados em pedaços de 5 cm

½ xícara de caldo de legumes ou cogumelos

2 colheres de sopa de molho de soja ou tamari

1 colher de sopa de gochujang

1 colher de sopa de óleo de gergelim torrado

1 colher de chá de açúcar ou xarope de bordo

Arroz cozido ou quinoa (de 1½ a 2 xícaras por pessoa)

Aproximadamente 1½ xícara de repolho branco ou roxo ralado

Aproximadamente 1½ xícara de brotos de feijão

1 abacate grande, fatiado

½ xícara de rabanetes-roxos ou rabanetes--melancia cortados em fatias finas.

Aqueça o azeite num wok ou outra frigideira própria para altas temperaturas. Adicione a cebola e o alho e refogue em fogo alto por cerca de 3 minutos, até que as fatias de cebola murchem. Acrescente os cogumelos e a carne e continue a refogar por cerca de 2 minutos, até que os cogumelos murchem; em seguida, adicione o kimchi e a cebolinha e cozinhe por mais 30 segundos. Numa tigela pequena, misture o caldo, o molho de soja, o gochujang, o óleo de gergelim torrado e o açúcar, mexendo bem. Despeje o molho no wok e deixe ferver por 1 minuto, para que os sabores se misturem. Desligue o fogo.

Pegue algumas tigelas divertidas e encha-as até a metade com arroz quente ou quinoa. Coloque o kimchi com carne por cima e depois adicione o repolho ralado, os brotos de feijão, o abacate e os rabanetes. Certifique-se de colocar algumas colheres de sopa do delicioso molho por cima de cada tigela para que penetre no arroz. Pegue seus hashis e bom apetite.

Tacos de Carnitas de Cogumelo Eryngui

Rende 8 tacos de 15 cm ou 16 tacos de 8 cm

Comprar tacos num food truck é uma espécie de ritual. Primeiro você tem que enfrentar a fila. Depois a espera, com a barriga roncando de fome. Mas isso torna a experiência ainda melhor: escolher o tipo de molho certo (sempre o de chipotle defumado), espremer o limão, tomar cuidado com o coentro e a cebola, que estão sempre caindo, comer até que o molho vermelho escorra pela mão e ameace sujar seu relógio. Mas e se eu disser que você pode fazer algo ainda melhor em casa?

Comece cozinhando duas porções da minha receita de Carne de Porco Desfiada de Cogumelo Eryngui usando o método que pede páprica defumada. Reserve enquanto você faz uma versão mais rápida de molho cozido lentamente, com muito sabor de carne defumada; em seguida, doure a carne novamente, ao estilo do prato de carnitas mexicanas, até que os cogumelos fiquem caramelizados. (Adiciono castanhas-de-caju para dar textura.) Por fim, é só se deliciar. Você não sentirá falta da fila e, provavelmente, de nenhum outro taco vegetariano.

900 gramas de cogumelos eryngui, cozidos em duas etapas, de acordo com a receita de Carne de Porco Desfiada de Cogumelo Eryngui (p. 194), e reservados

1 xícara de castanhas-de-caju cruas, picadas grosseiramente

½ cebola-branca pequena, picadinha

½ xícara de coentro fresco picado grosseiramente

8 tortillas de milho (de 15 cm) ou 16 (de 8 cm), aquecidas ou tostadas sobre a chama do fogão

4 rabanetes cortados em fatias finas

1 limão cortado em gomos

Molho Rápido de Chipotle Grelhada (receita a seguir) para servir

Numa tábua, corte os cogumelos em pedaços que caibam na boca. Quando for servir, coloque a panela com todos os pedaços de "carne" de cogumelo no fogão, em fogo alto. Frite até que os cogumelos comecem a dourar e ficar crocantes, mexendo sempre, por cerca de 5 minutos. Adicione as castanhas-de-caju à panela e frite por mais 1 minuto. Em seguida, reserve.

Enquanto os cogumelos fritam, misture numa tigela pequena a cebola e o coentro e reserve.

Para servir, divida a mistura entre as tortillas e cubra com a mistura de cebola e fatias de rabanete. Sirva com as fatias de limão e salsinha.

A RECEITA CONTINUA ➺

Molho Rápido de Chipotle Grelhada

Rende 2 xícaras

Feito apenas com cebolas assadas, tomates assados no fogo e pimentas-chipotle, este molho pode ser um item básico na sua geladeira e dá pouquíssimo trabalho.

1 cebola pequena amarela, branca ou roxa, descascada e cortada ao meio

400 gramas de tomates assados

2 pimentas-chipotle (de uma lata de pimentas-chipotle em molho adobo)

¼ de xícara de coentro fresco picado grosseiramente

1 dente de alho grande amassado

¼ de colher de chá de sal kosher

Coloque uma grelha sobre a boca de um fogão a gás em fogo alto. Adicione a cebola e frite por cerca de 10 minutos no total, até queimar todos os lados, virando-a com pinças e deixando que as camadas se separem naturalmente. Faça isso até que todas as camadas fiquem com tonalidade bem escura. (Uma alternativa é grelhar as cebolas numa assadeira por cerca de 5 minutos, virando-as a cada minuto, até que todos os pedaços estejam queimados.)

Transfira a cebola para um liquidificador com os tomates, as pimentas, o coentro, o alho e o sal. Bata até tudo ficar bem misturado, deixando alguma textura, e depois transfira para um frasco. Use em seguida ou cubra e leve à geladeira por até 1 semana.

Frango ao Saquê com Arroz

Serve 4 pessoas

Este era o prato principal da minha mãe. Depois que viemos para os Estados Unidos, ela sentiu necessidade de começar a cozinhar com muita carne. Adicionou um toque japonês ao frango, embebendo-o com saquê. Ela também era mestra em cortar fatias finíssimas de cogumelos e não tolerava nada menos que a perfeição. (Não se preocupe. Ela não vai saber se você não conseguir ser tão perfeito.) Eu adorava esse prato até me tornar vegetariana e ter que renunciar a ele para sempre. Mas ele finalmente está de volta à minha vida! É um prato simples que leva apenas alguns minutos para ser preparado.

Aviso: depois de prepará-lo várias vezes, constatei que a qualidade do frango é crucial. Se puder, use o Frango Suculento Caseiro ou o Frango Assado Saboroso, pois eles realmente têm sabor e textura superiores a muitas variedades comerciais.

2 colheres de sopa de óleo neutro, como o de girassol, canola, abacate ou semente de uva

450 gramas de Frango Suculento Caseiro (meu preferido) (p. 202) ou do Frango Assado Saboroso (p. 204) cortado em tiras ou só o peito; ou tiras de frango vegano compradas prontas (congeladas ou refrigeradas)

450 gramas de champignons ou cogumelos cremini, cortados em fatias finas, ou shimejis brancos, rasgados em pedaços menores

1½ xícara de saquê japonês

1 xícara de caldo de galinha vegano

1 colher de sopa de molho de soja ou tamari

2 colheres de chá de farinha de araruta ou amido de milho

Arroz cozido, branco ou integral, de preferência de grão curto, para servir

Aqueça o óleo numa frigideira em fogo médio, adicione os pedaços de frango e frite por cerca de 5 minutos, até dourar levemente. Retire da frigideira e reserve. Refogue os cogumelos na mesma frigideira, cobertos, por cerca de 5 minutos, até que estejam totalmente cozidos. Eles não precisam dourar, mas podem e soltarão um pouco de suco. Coloque o frango de volta na frigideira. Adicione 1¼ de xícara de saquê, o caldo e o molho de soja, tampe e cozinhe em fogo baixo por 7 a 8 minutos, até que o saquê amacie os cogumelos e os sabores se misturem e infundam um pouco o frango. Dissolva a farinha de araruta no ¼ de xícara restante de saquê e adicione à frigideira, mexendo, até engrossar ligeiramente. Sirva em seguida – com arroz, é claro.

Cogumelos Portobello Recheados com Frango ao Pesto

Serve 4 pessoas

Esta maravilha para os dias da semana requer apenas alguns minutos de preparo e impressionará sua família e seus amigos com sua criatividade aparentemente sofisticada. Os cogumelos Portobello suculentos são recheados com uma mistura simples de frango vegano envolvido em pesto, caseiro ou comprado em loja, cobertos com queijo derretido e assados para se tornarem um prato saboroso.

4 cogumelos Portobello grandes, sem os talos (reserve-os para usar em outras receitas)

½ xícara mais 2 colheres de sopa de Molho Pesto com Queijo Caseiro (receita abaixo) ou pesto vegano comprado pronto

300 gramas de frango vegano em tiras ou pedaços ou Frango Suculento Caseiro (p. 202), Frango Moído Caseiro (p. 210) ou Frango Assado Saboroso (p. 204)

1 pimentão vermelho picadinho

180 gramas de muçarela vegana, como a da Miyoko's ou a da Violife, ralada ou fatiada

Preaqueça o forno a 190 °C. Unte um refratário de 20 cm por 30 cm.

Usando um pincel de cozinha, passe um pouco do pesto na parte externa (superior) dos cogumelos Portobello. No refratário preparado, coloque-os com a parte superior para baixo.

Se estiver usando tiras ou peitos de frango, corte em pedaços de 1,5 cm. Numa tigela média, misture o frango, o pimentão vermelho e o restante do pesto. Misture bem. Preencha os cogumelos com essa mistura.

Coloque o queijo por cima de cada cogumelo. Cubra levemente com papel-alumínio. Asse por cerca de 20 minutos; em seguida, remova o papel-alumínio e continue a assar por mais 5 a 10 minutos, até que o queijo derreta, os cogumelos fiquem dourados e suculentos, e o interior esteja bem quente.

Molho Pesto com Queijo

Rende cerca de 1 xícara

O pesto seria vegano se não fosse pelo queijo. Aqui, a levedura nutricional e o missô combinam muito bem para criar o umami normalmente entregue pelo parmesão, adicionando a esse molho popular uma nota rica e bem semelhante ao queijo.

4 dentes de alho picados grosseiramente

1 colher de sopa de missô branco ou de grão-de-bico, ou a gosto

¼ de xícara de pinholes crus ou nozes

½ xícara de azeite extravirgem

2 xícaras cheias de manjericão fresco

2 colheres de sopa de levedura nutricional (ver o Glossário)

Coloque todos os ingredientes num processador de alimentos e pulse até ficarem bem picados. Não precisa ficar uma mistura completamente lisa, a menos que você prefira dessa forma; gosto com um pouco de textura. Uma alternativa é fazer isso com um pilão e um socador: comece triturando o alho, o missô e as nozes e regue com um pouco de azeite. Em seguida, adicione o manjericão e o restante do azeite e, por fim, misture a levedura nutricional. Na geladeira, armazene o pesto não utilizado num frasco, com uma camada de azeite por cima (para evitar oxidação), por até 2 semanas.

Linguiça Italiana na Assadeira

Serve 4 pessoas

A nova tendência de fazer uma refeição completa numa assadeira (jogando um monte de legumes e talvez uma proteína numa assadeira e colocando tudo no forno para ter tempo de fazer outra coisa) tem beneficiado principalmente os carnívoros. Mas as linguiças plant-based do tipo "cru" também são boas opções para usar nessa técnica, desde que sejam colocadas na assadeira perto do fim do cozimento, para que não ressequem. (Linguiças veganas pré-cozidas não são recomendadas, pois o ideal é usar um tipo que solte gordura durante o cozimento.) Adicione esta receita à sua rotina semanal se estiver procurando uma refeição que possa ser preparada em menos tempo que o forno leva para aquecer: você coloca numa assadeira batatas, cebolas, minipimentões inteiros, tomates-cereja e cogumelos, rega tudo com azeite, e está praticamente pronto. No final, adicione um toque de brilho com um pouco de vinagre de xerez e ervas aromáticas. Com uma boa fatia de pão, o jantar está pronto.

450 gramas de batatas vermelhas pequenas, cortadas ao meio se forem grandes

1 cebola-roxa pequena, cortada ao meio no sentido do comprimento e fatiada em rodelas de 1,5 cm

Minipimentões (cerca de 12 unidades) de qualquer cor

1 xícara de tomates-cereja ou grape

450 gramas de cogumelos cremini, limpos e cortados ao meio

1 colher de sopa de folhas frescas de orégano picadas

½ xícara de azeite extravirgem

Sal kosher e pimenta-do-reino moída na hora

4 linguiças veganas italianas do tipo "cru"

2 colheres de sopa de vinagre de xerez

1 colher de sopa de salsinha ou manjericão fresco bem picado

Preaqueça o forno a 200 °C.

Coloque na assadeira as batatas, a cebola, os pimentões inteiros, os tomates, os cogumelos e o orégano e regue com o azeite. Tempere com sal e pimenta e misture bem para cobrir todos os legumes uniformemente. Espalhe-os pela assadeira e asse por 20 minutos, ou até que as batatas estejam quase macias. Adicione as linguiças, polvilhe tudo com o vinagre e asse por mais 10 minutos, até que os legumes fiquem dourados e caramelizados nas bordas. Polvilhe com salsinha ou manjericão e sirva em seguida.

Parmegiana de Carne ou Frango na Frigideira

Serve de 6 a 8 pessoas

Não deixe uma travessa dessa parmegiana vegana na minha frente, senão não vou parar de comer. Este é um dos meus pratos favoritos e também tem sido um verdadeiro sucesso na minha família. Certifique-se de usar carne ou frango vegano. Utilizando molho de tomate pronto de excelente qualidade e preparando tudo numa única frigideira grande, este é um jantar fácil para a semana que fará com que todos corram para a mesa. Sirva com uma boa porção de massa temperada apenas com um pouco de azeite e sal e uma salada grande. *Buon appetito!*

Aproximadamente 1 xícara de farinha de trigo integral ou não branqueada para empanar

3 colheres de sopa de semente de linhaça moída

1 xícara de água

Aproximadamente 2 xícaras de farinha panko para empanar

600 gramas de "bife" vegano ou Bife Suculento Grelhado na Brasa (p. 180), Filé Mignon Marinado Macio (p. 182), Frango Suculento Caseiro (p. 202) ou Frango Assado Saboroso (p. 204), fatiado com 1,5 cm de espessura (8 bifes, em torno de 80 gramas cada)

4 colheres de sopa de azeite, divididas

4 xícaras de molho de tomate de excelente qualidade, caseiro ou comprado em loja

180 gramas de muçarela vegana ralada ou fatiada

900 gramas de queijo parmesão vegano ou o Parmesão Caseiro (p. 228), ralado, ou o Parmesão de Nozes Rápido (p. 169), mais um pouco para servir

350 gramas de fettuccine ou pappardelle cozido (de preferência integral)

Sal marinho

Providencie três tigelas de vidro redondas. Numa delas, coloque a farinha. Em outra, misture a semente de linhaça e a água, batendo bem com um garfo ou *fouet* para fazer um "ovo" vegano. Encha a terceira tigela com a farinha panko. Mergulhe cada fatia de carne na farinha, envolvendo ambos os lados, depois mergulhe na mistura de linhaça e, em seguida, cubra todos os lados com a farinha panko. Se a mistura de linhaça ficar muito espessa, basta diluí-la com um pouco de água. Reserve as fatias revestidas num prato seco e limpo.

Aqueça uma frigideira grande por 1 ou 2 minutos. Adicione 2 colheres de sopa de azeite e aqueça mais um pouco. Adicione os bifes e frite em fogo médio-baixo por cerca de 3 minutos (de cada lado), até dourar dos dois lados. Reduza o fogo e despeje cerca de ½ xícara do molho de tomate sobre cada pedaço. Cubra cada pedaço com queijo muçarela e polvilhe queijo parmesão por cima. Cubra com uma tampa e deixe no fogo por cerca de 10 minutos, até que o queijo derreta.

Para servir, misture um pouco de massa recém-cozida com as 2 colheres de sopa de azeite restantes e uma pitada de sal. Coloque a massa nos pratos e cubra cada uma com parmesão.

Estrogonofe de Carne

Serve 6 pessoas

Quando visitei alguns países do Leste Europeu há alguns anos, estava ansiosa para experimentar os autênticos estrogonofes e "goulash" nos novos estabelecimentos veganos que estão surgindo por lá. A diferença entre o goulash e o estrogonofe não era tão grande, exceto pela adição de um pouco de creme azedo neste último. Chame-o de "goulash" ou de estrogonofe, basta apenas que lhe proporcione um jantar em menos de trinta minutos.

450 gramas de cogumelos porcini desidratados

1½ xícara de água quente ou caldo de carne vegano

2 colheres de sopa de manteiga vegana, ou óleo neutro, como o de girassol, canola, abacate ou semente de uva

1 cebola amarela ou branca cortada em cubos

3 dentes de alho picados

450 gramas de cogumelos cremini fatiados

2 colheres de sopa de farinha de trigo

¾ de xícara de vinho tinto

2 colheres de sopa de molho de soja, tamari ou Aminoácidos Líquidos Bragg (ver o Glossário)

1 colher de sopa de missô vermelho ou branco

250 a 300 gramas de carne vegana em tiras ou pedaços, ou o Bife Suculento Grelhado na Brasa (p. 180) ou o Brisket Maravilhoso (p. 184)

1 colher de sopa de mostarda Dijon (opcional)

1½ xícara de creme de leite vegano, ou 1 xícara de cream cheese vegano

½ xícara de cebolinha fresca picada (opcional)

Sal marinho e pimenta-do-reino moída na hora

8 xícaras de fettuccine ou arroz cozido

Deixe os cogumelos porcini desidratados de molho numa tigela com água quente por cerca de 20 minutos, para amolecer.

Derreta a manteiga ou aqueça o óleo numa panela funda, adicione as cebolas e refogue por 5 a 6 minutos, até ficarem macias. Adicione o alho e os cogumelos e frite por 4 a 5 minutos, até que os cogumelos fiquem levemente dourados. Polvilhe a farinha sobre os cogumelos e deixe no fogo por 1 minuto; em seguida, adicione os cogumelos porcini e sua água de molho, o vinho tinto, o molho de soja e o missô. Cozinhe por cerca de 5 minutos para que os sabores se misturem e o molho engrosse; em seguida, adicione a carne e cozinhe por mais cerca de 3 minutos, para permitir que os sabores penetrem nela. Por fim, adicione a mostarda e o creme azedo para formar um molho cremoso. Acrescente a cebolinha e tempere com sal e pimenta a gosto. Sirva com macarrão ou arroz.

CAPÍTULO 4

Pratos para Impressionar

Realmente adoro receber pessoas. Isso é algo que todos sabem sobre mim. Desde que saí da casa dos meus pais e consegui alugar um apartamento, receber amigos para uma deliciosa refeição que passei o dia inteiro, ou até mesmo vários dias, planejando e preparando tem sido uma grande alegria. Não quero apenas encher a barriga das pessoas; quero deixá-las extasiadas com a comida à mesa. Quero que o prato principal seja o destaque, assim como a Cinderela entrando no baile. Quero tentar os convidados a dar mais uma garfada, mesmo quando já estiverem satisfeitos, apenas por prazer.

Certamente, muitos outros pratos deste livro também são adequados para receber pessoas. Costelas ao Molho Barbecue de Abacaxi (p. 193), Karê de Carne (p. 142) e até mesmo Cogumelos Portobello Recheados com Frango ao Pesto (p. 95) são pratos que agradam a todos e perfeitos para uma festinha informal ou uma reunião entre amigos. Mas os pratos apresentados neste capítulo foram feitos para receber pessoas e reunir todos em torno da mesa. São receitas grandiosas tanto na quantidade (no mínimo 6 porções, mas geralmente de 8 a 12) quanto na execução, em que você se entregará com amor à cozinha para preparar uma refeição que fará todos sorrirem, conversarem e aproveitarem o melhor que a vida, a família e a amizade têm a oferecer.

Seja um prato clássico francês como o Coq au Vin (p. 114) para um jantar especial ou os vibrantes Espetinhos Zen em Marinada de Laranja e Soja (p. 135) para uma festa à beira da piscina no verão, cada receita deste capítulo foi feita para arrasar. Mas não é porque você vai se apresentar no palco culinário que deve ter medo. Incluí algumas receitas simples (Bife Hasselback com Molho Chimichurri de Vinagre Balsâmico, p. 116, e Rocambole de Frango com Alho-Poró e Acelga, p. 138) para começar, mas pense nas maiores, com várias etapas e ingredientes, como números de dança lindamente coreografados, compostos de uma série de passos que qualquer pessoa pode executar. Afinal, a vida é feita de luzes, música – e comida!

Boeuf Bourguignon

Serve de 8 a 10 pessoas

Desde que li a receita de Julia Child[5] para este prato clássico há mais de trinta anos, tenho feito minha própria versão vegana. Esse tem sido um dos meus pratos principais para ocasiões festivas em que quero impressionar a todos que duvidam da maravilha que a culinária vegana pode ser. "Boeuf Bourguignon" é um nome sofisticado para um ensopado de carne, mas isso porque a versão francesa é, de fato, sofisticada. É rico e substancioso, com o vinho tinto como base. Já fiz panelões dessa receita e recebi todos os tipos de pessoas, que lambem os beiços e voltam para encher novamente o prato. Sim, leva um pouco de tempo para fazer, então vale a pena fazer o suficiente para compartilhar com todos os seus amigos favoritos (não é algo que você faça num minutinho, para um grupo de quatro pessoas (a menos, é claro, que tenha sobras). Portanto, sirva-o em sua próxima festa de fim de ano e impressione os convidados.

MOLHO

3 xícaras de cebolas amarelas ou brancas em cubos

2 xícaras de aipo em cubos

2 xícaras de cenouras em cubos

3 colheres de sopa de azeite de oliva

6 tomates maduros, picados

3 xícaras de vinho tinto encorpado

1 cabeça de alho, dentes descascados e fatiados

12 cogumelos shitake desidratados

1 xícara de champignons ou cogumelos cremini fatiados

¼ de xícara de molho de soja ou tamari

3 colheres de sopa de missô vermelho, branco ou de grão-de-bico

1 colher de chá de alecrim desidratado

1 colher de chá de tomilho desidratado

7 a 8 xícaras de caldo de legumes

350 gramas de cenouras cortadas em pedaços

350 gramas de champignons ou cogumelos cremini cortados ao meio

Prepare o molho: numa panela grande ou de ferro fundido, refogue em fogo médio, por cerca de 7 minutos, as cebolas, o aipo e as cenouras em cubos, até ficarem relativamente macias. Adicione os tomates, o vinho, o alho, os cogumelos, o molho de soja, o missô, o alecrim e o tomilho e deixe ferver. Adicione 7 xícaras do caldo e, quando ferver novamente, cubra, reduza o fogo e deixe cozinhar em fogo baixo por 1 hora ou mais, até concentrar. Prove e ajuste o tempero, adicionando mais caldo se o sabor estiver muito forte ou reduzindo-o por mais tempo para intensificar o sabor.

Enquanto isso, preaqueça o forno a 220 °C. Forre uma assadeira com papel-manteiga.

Coloque a cenoura, os cogumelos e a batata na assadeira preparada e misture com 2 colheres de sopa de azeite; em seguida, tempere com sal e pimenta. Asse por cerca de 25 minutos, até ficarem macios.

Coloque um escorredor sobre uma tigela e despeje o molho para coar os legumes, coletando o molho na tigela. Tire o máximo de suco possível dos legumes (esses legumes são muito saborosos e podem ser transformados em purê e usados para fazer bolo de carne, hambúrgueres etc.). Você deve ter cerca de 6 xícaras de molho coado.

Aqueça as 4 colheres de sopa restantes de azeite de oliva na panela do molho. Adicione a carne e frite até dourar, por cerca de 5 minutos. Remova a carne e reserve. Agora faça o roux: adicione a farinha na panela e mexa em fogo baixo por 3 a 4 minutos, até ela ficar com cor castanha-clara. Adicione o molho coado quente e misture bem para

---

[5] Julia Child era *chef*, autora de livros de culinária e apresentadora de TV. A ela é atribuída a popularização da culinária francesa entre o público norte-americano na década de 1960. (N. da T.)

350 gramas de batatinhas cortadas ao meio

6 colheres de sopa de azeite de oliva

Sal marinho ou kosher e pimenta-do-reino moída na hora

700 gramas de carne vegana em pedaços, tiras ou bife vegano, ou Bife Suculento Grelhado na Brasa (p. 180) cortado em pedaços de 2,5 cm

½ xícara de farinha de trigo

350 gramas de ervilhas frescas ou congeladas

½ xícara de salsinha fresca picada

Pão crocante para servir e mergulhar

incorporar. Mexa com uma colher de pau até engrossar, o que deve acontecer em alguns minutos. Adicione os legumes assados e a carne cozida de volta à panela e deixe ferver por cerca de 10 minutos. Por fim, adicione as ervilhas e cozinhe por mais 1 minuto ou 2 (se estiver usando ervilhas frescas em vez de congeladas, talvez precise cozinhar um pouco mais). Sirva em tigelas polvilhadas com um pouco de salsinha e acompanhado de pedaços de pão para mergulhar no delicioso molho.

Bouillabaisse

Serve de 6 a 8 pessoas

Quando escrevi o livro *The Homemade Vegan Pantry*, não conseguia decidir se incluía uma receita de cioppino ou bouillabaisse [pronuncia-se "buiabés"] – ambas estão entre minhas sopas favoritas. Escolhi cioppino (a versão norte-americana da bouillabaisse francesa), mas felizmente posso compartilhar minha receita de bouillabaisse neste livro. Embora ambas, na origem, fossem sopas rústicas de pescadores, a bouillabaisse é ainda mais complexa com seu toque de açafrão e rouille, pesto espesso feito de pão, alho e azeite de oliva. Esta versão traz as receitas caseiras de "peixe" e vieiras apresentadas neste livro, o que a torna ainda mais especial. Você não precisa de nada além de uma salada para ter uma refeição memorável.

Você pode fazer a bouillabaisse um dia ou dois antes de servir, pois ela ficará ainda mais saborosa. No entanto, não adicione o "peixe" caseiro, as croutes e a rouille até a hora de servir.

BOUILLABAISSE

¼ de xícara de azeite extravirgem, mais um pouco para fritar o peixe

1 cebola branca cortada em cubos

1 cenoura cortada em cubos

1 bulbo de erva-doce, sem o miolo e cortado em cubos

1 pimentão vermelho cortado em cubos

8 dentes de alho picados

Sal marinho

450 gramas de tomates frescos bem maduros, cortados em cubos, ou 1 lata (400 gramas) de tomates em cubos

5 xícaras de caldo de legumes

½ xícara de vinho branco

1 folha de alga nori

1 pitada generosa de açafrão-da-terra

2 ou 3 pitadas de pimenta-caiena

2 batatas médias do tipo Yukon Gold (ou uma batata similar, como a ágata ou a inglesa), cortadas em cubos de 1,5 cm

230 gramas de shimeji branco

Faça a bouillabaisse: numa panela de ferro grande ou de sopa, aqueça o azeite de oliva em fogo médio e adicione as cebolas, as cenouras, a erva-doce, o pimentão, o alho e uma boa pitada de sal. Refogue por cerca de 10 minutos, até que os legumes estejam macios. Adicione os tomates, o caldo e o vinho. Esfarele o pedaço de alga nori com as mãos para formar um bolinho e adicione-o à sopa. Misture o açafrão e a pimenta-caiena e deixe ferver por cerca de 10 minutos, até que tudo esteja começando a se desfazer e a se fundir. Retire 2 xícaras da mistura, incluindo o máximo possível da alga nori (não se preocupe se não conseguir tirar tudo), coloque no liquidificador e bata brevemente até formar uma mistura texturizada. Adicione essa mistura de volta à sopa.

Adicione as batatas, os shimejis e os camarões. Cozinhe em fogo brando por mais 10 a 15 minutos, até que as batatas estejam macias. Se não for servir a sopa em seguida, deixe esfriar e leve à geladeira até a hora de servir.

Enquanto a sopa estiver cozinhando, prepare os croutes (pão torrado) e o rouille: Preaqueça o forno a 165 °C.

Para fazer os croutes: corte a baguete em fatias de 1,5 cm de espessura, reservando um pedaço inteiro com cerca de 10 cm de comprimento. Pincele cerca de 1 colher de sopa de azeite de oliva num lado das fatias, coloque numa assadeira e asse por cerca de 20 minutos, até ficarem levemente torradas. Retire do forno e reserve. Estas serão colocadas no fundo da tigela de sopa.

A RECEITA CONTINUA ➺

230 gramas de camarões veganos prontos

340 gramas de Vieiras Vapt-vupt na Manteiga (p. 222)

8 filés de Peixe de Jaca (p. 224)

Pimenta-do-reino moída na hora

½ xícara de farinha de trigo

¼ de xícara de salsinha fresca picada

CROUTES E ROUILLE

1 baguete

4 colheres de sopa de azeite extravirgem

3 a 4 colheres de sopa de água

2 dentes de alho descascados

Uma pitada de pimenta-caiena

Sal marinho

Agora faça o rouille: você pode fazer isso com um processador de alimentos pequeno, um mixer de mão ou da maneira tradicional, num pilão. Retire a crosta do pedaço de 10 cm de baguete. Se tiver um processador de alimentos pequeno, apenas coloque o pão no utensílio e polvilhe água sobre ele. Deixe descansar por cerca de 5 minutos; em seguida, adicione o alho e a pimenta-caiena e processe por 1 minuto. Por fim, adicione as 3 colheres de sopa restantes de azeite e tempere com sal. (Se estiver usando um mixer de mão, coloque o pão numa tigela, umedeça-o com a água e deixe descansar por 5 minutos. Em seguida, adicione o alho, a pimenta-caiena e o azeite e use o mixer para obter um molho espesso. Tempere com sal. Se estiver usando um pilão, siga as instruções do método do liquidificador, mas use a força para amassar tudo.) Reserve.

Cerca de 15 minutos antes de servir a sopa, certifique-se de que as Vieiras Vapt-vupt na Manteiga e o Peixe de Jaca estejam prontos. Para o peixe, passe-o levemente na farinha e frite rapidamente em fogo médio, numa frigideira, com algumas colheres de sopa de azeite, até dourar dos dois lados, cerca de 3 minutos de cada lado. Tempere com sal e pimenta.

Agora você está pronto para montar: coloque 2 pedaços de croutes no fundo de cada prato de sopa (você vai querer pratos grandes e largos para isso). Coloque alguns pedaços de vieiras e um pedaço de peixe em cada tigela. Despeje uma boa concha de sopa por cima. Adicione uma colher de chá generosa de rouille por cima e polvilhe cada tigela com salsinha. Sirva em seguida.

Confit de Frango e Batatinhas com Erva-doce e Repolho

Este prato é a prova de que a manteiga deixa tudo mais gostoso. Coxas ou peitos de frango veganos podem não ser a melhor coisa do mundo, mas cozinhá-los lentamente em gordura os transforma em algo incrivelmente saboroso. Erva-doce e repolho defumados e cozidos em fogo baixo fazem com que esse prato seja uma experiência transformadora. Abra uma garrafa do seu melhor Bordeaux e desfrute de uma refeição digna de rei.

O confit de frango pode ser preparado sem as batatinhas ou os legumes como acompanhamento e ser utilizado em outro prato, como sanduíches, massas ou Cassoulet (p. 111). Basta seguir as instruções de cozimento do frango sem as batatinhas.

CONFIT

¾ de xícara de manteiga vegana

3 colheres de sopa de azeite de oliva

2 colheres de chá de sementes de coentro

2 colheres de chá de grãos de pimenta-do-reino

½ colher de chá de sal marinho

2 folhas de louro

450 gramas de coxas de frango veganas prontas ou peitos de frango vegano ou o Frango Suculento Caseiro (p. 202); ou o Frango Assado Saboroso (p. 204)

450 gramas de batatinhas bem lavadas

REPOLHO E ERVA-DOCE

2 colheres de sopa de azeite

2 bulbos de erva-doce, sem o talo, cortados em fatias finas

½ repolho crespo ou verde, sem o talo, cortado em 4 e depois em fatias de 1,5 cm

¾ de xícara de caldo de legumes

60 a 90 gramas de muçarela vegana defumada ou outro queijo vegano defumado

Faça o confit: Preaqueça o forno a 150 °C.

Numa assadeira quadrada de 22 cm ou similar, misture a manteiga, o azeite, as sementes de coentro, os grãos de pimenta-do-reino, o sal marinho e as folhas de louro. Adicione o frango e as batatinhas e misture bem. Cubra com papel-alumínio e asse por 1 a 1 hora e meia, até que as batatinhas estejam bem macias e a maior parte da manteiga tenha sido absorvida.

Enquanto isso, braseie a erva-doce e o repolho: aqueça uma frigideira funda em fogo alto e adicione o azeite. Adicione a erva-doce e o repolho e mexa até que murchem, fiquem levemente dourados, caramelizem e grudem um pouco no fundo da frigideira, por cerca de 8 minutos. Adicione o caldo de legumes, tampe e reduza o fogo para médio-baixo. Cozinhe até que fiquem bem macios, cerca de 10 minutos, e em seguida adicione o queijo vegano defumado, tampe e deixe derreter.

Disponha o frango, as batatinhas e os legumes nos pratos de um jeito bonito e sirva-se de um merecido Bordeaux.

Peito de Frango Recheado com Abóbora e Molho de Romã com Champanhe

Serve 6 pessoas

Esta receita é o que você faz quando sobra uma garrafa de champanhe (se isso algum dia acontecer). Ou você pode abrir uma garrafa só para esta receita e beber o restante. A escolha é sua. Mas tente terminar toda a garrafa se for Dom Pérignon – ou faça isso com marcas inferiores de champanhe, como as irritantes meias garrafas de champanhe barato que ficam espalhadas pelas mesas depois da festa do terceiro casamento do seu tio. Se você não tiver champanhe, pode substituir por vinho branco seco, como Sauvignon Blanc. Usei vários tipos de peito de frango vegano (geralmente à base de soja), e, embora alguns fossem saborosos, meu Frango Suculento Caseiro ou meu Frango Assado Saboroso são os melhores para isso. O yuba, a pele que se forma no leite de soja, funciona como uma pele convincente que não apenas mantém tudo coeso (ou o recheio sairia) como também é suculenta e deliciosa.

RECHEIO

450 gramas de abóbora-menina descascada e cortada em cubos

1 cebola amarela ou branca bem picada

1 colher de sopa de azeite de oliva

Sal marinho e pimenta-do-reino moída na hora

½ romã, sementes apenas

PEITOS DE FRANGO

6 peitos de frango vegano comprados prontos (aproximadamente 140 gramas cada), ou o Frango Suculento Caseiro (p. 202) ou o Frango Assado Saboroso (p. 204)

1 ou 2 folhas grandes de yuba congelado (ou fresco, se disponível; ver o Glossário)

¼ de xícara de manteiga vegana ou azeite de oliva

¼ de xícara de vinho branco

1 colher de sopa de caldo de galinha vegano, ou 2 cubos de caldo de galinha vegano

Comece com o recheio: preaqueça o forno a 200 °C. Forre uma assadeira com papel-manteiga.

Coloque a abóbora e as cebolas na assadeira preparada e regue com o azeite. Tempere com sal e pimenta e misture bem. Espalhe numa camada única. Asse por cerca de 30 minutos, até ficar macio ao espetar com um garfo. Retire do forno e misture as sementes de romã. Reduza a temperatura do forno para 180 °C.

Agora recheie o frango: usando uma faca afiada, corte o peito de frango ao meio no sentido do comprimento, deixando-o conectado numa lateral para que abra como um livro. Recheie cada peito com uma quantidade igual da mistura de abóbora. Coloque o yuba congelado sob água corrente para amolecê-lo e depois aperte suavemente. Corte-o em seis pedaços e embrulhe cada peito com um pedaço. Numa panela pequena, misture a manteiga, o vinho e o caldo de galinha e aqueça até derreter a manteiga. Se estiver usando um cubo de caldo, amasse-o com uma colher de pau para ajudar a dissolvê-lo à medida que essa mistura aquece. Coloque os peitos de frango numa assadeira levemente untada de 20 cm por 30 cm. Despeje a mistura de manteiga e vinho sobre eles. Cubra a assadeira com papel-alumínio e asse por 30 minutos. Retire a assadeira do forno e vire os peitos de frango.

A RECEITA CONTINUA ➡

MOLHO DE CHAMPANHE

1 xícara de água

½ xícara de castanhas-de-caju cruas

3 colheres de sopa de manteiga vegana

1 xícara de chalotas picadas

½ xícara de cenoura cortada em cubos

Sal marinho

1 maçã média sem sementes e cortada em fatias ou pedaços de 1,5 cm

2 champignons ou cogumelos cremini cortados ao meio

2 dentes de alho descascados

2 xícaras de champanhe

1½ xícara de caldo de galinha vegano ou caldo de legumes ou caseiro

1 colher de chá de tomilho desidratado

1 folha de louro

2 xícaras de espinafre baby

½ romã, sementes apenas

Pimenta-do-reino branca moída na hora

Remova o papel-alumínio e asse por mais 15 minutos, ou até que a pele esteja dourada. Regue com os sucos da assadeira.

Enquanto o frango está assando, faça o molho: adicione a água e as castanhas-de--caju num liquidificador e bata por cerca de 2 minutos, até obter uma mistura suave e cremosa. Reserve. Numa panela funda, derreta a manteiga, adicione as chalotas e as cenouras, polvilhe com uma pitada de sal, tampe e refogue por 3 a 4 minutos, até ficarem macias. Adicione a maçã, os cogumelos, o alho, o champanhe, o caldo, o tomilho e a folha de louro e deixe cozinhar em fogo baixo por 25 a 30 minutos, até reduzir um pouco mais da metade. Usando uma escumadeira, retire e descarte as maçãs, os cogumelos e a folha de louro. (Se você não for continuar o prato, reserve nesse ponto enquanto conclui as outras tarefas.) Adicione o espinafre baby e, em seguida, o creme de castanhas-de-caju. Aqueça por 1 ou 2 minutos, até engrossar. Por fim, adicione as sementes de romã. Despeje sobre os peitos de frango assados e sirva em seguida.

Cassoulet

Serve 12 pessoas

Não quero assustar você, pois quero que prepare este prato. Mas essa versão francesa de um prato supremo em sabor, composto de feijão e carne, não é para os fracos. Ele tem uma pegada bem "carnuda" e também muita gordura, então não é para aqueles que têm medo de manteiga. Além da manteiga, outro fator que pode assustar são as inúmeras etapas e ingredientes, incluindo alguns que ficam melhores se preparados com alguns dias de antecedência (ou usando o estoque de carnes caseiras que você tem no freezer). Se você tiver organizado tudo, pode preparar todo o prato em 3 a 4 horas, ou fazê-lo em "partes" (como cozinhar os feijões e os cogumelos confitados), com até 3 dias de antecedência. Por favor, não deixe a manteiga e o compromisso de tempo assustarem você, pois esta receita é boa demais para ser ignorada. É um prato grande, para muitas pessoas, portanto reúna todos e saboreiem. Você não precisa de muito mais que uma grande salada e talvez um pouco de pão crocante para servir com o seu cassoulet.

FEIJÃO

450 gramas de feijões-brancos, deixados de molho em água durante a noite

1 cebola amarela cortada ao meio

2 cenouras inteiras

2 talos de aipo cortados ao meio

2 folhas de louro

8 dentes de alho descascados

1 colher de chá de sal marinho ou kosher

CONFIT DE SHIMEJI

¼ de xícara de manteiga vegana derretida

¼ de xícara de azeite de oliva

3 dentes de alho descascados

½ colher de chá de tomilho desidratado

Sal marinho

450 gramas de shimejis em pequenos cachos

Comece com o feijão: escorra o feijão, coloque-o numa panela grande e cubra com bastante água fresca. Adicione a cebola, as cenouras, o aipo, as folhas de louro, o alho e o sal. Leve para ferver em fogo alto; em seguida, reduza o fogo e deixe cozinhar em fogo baixo por 1 a 1 hora e meia, até que ele esteja quase macio. Não cozinhe demais a ponto de deixar que se desfaçam, pois os feijões continuarão a cozinhar no forno com o restante dos ingredientes, então um ponto levemente *al dente* está bom.

Enquanto os feijões estão cozinhando, faça o confit de shimeji: preaqueça o forno a 150 °C. Numa assadeira quadrada de 23 cm ou similar, misture a manteiga, o azeite de oliva, o alho, o tomilho e uma pitada de sal marinho. Adicione os shimejis, mexa e cubra bem com papel-alumínio. Asse por cerca de 50 minutos. Os cogumelos ficarão macios, suculentos e saborosos. Reserve.

A RECEITA CONTINUA ➥

RAGU

2 colheres de sopa de azeite de oliva

1 cebola amarela picada

1 cenoura picada

4 dentes de alho picados

Sal marinho

1 lata (800 gramas) de tomates em cubos

1 colher de chá de tomilho desidratado

Pimenta-do-reino moída na hora

CARNE

450 gramas de Confit de Frango (p. 107, sem as batatas ou os legumes)

450 gramas de linguiça vegana

350 gramas de Bife Suculento Grelhado na Brasa (p. 180) caseiro ou bife vegano semelhante comprado em loja, cortado em pedaços de 2,5 cm; ou pedaços de carne vegana

MIGALHAS DE PÃO COM ALHO

¼ de xícara de manteiga vegana

4 dentes de alho picados

2 xícaras de farinha de rosca caseira ou farinha panko

Agora faça o ragu: numa frigideira funda, aqueça o azeite de oliva em fogo médio. Adicione a cebola, a cenoura, o alho e uma pitada de sal marinho e refogue por cerca de 5 minutos, até ficarem macios. Adicione os tomates, o tomilho e ½ colher de chá de sal marinho e deixe ferver em fogo médio-baixo por cerca de 30 minutos, até engrossar. Usando uma escumadeira, adicione os feijões e mexa; em seguida, adicione líquido de cozimento suficiente do feijão para cobrir (3 a 4 xícaras). Adicione bastante pimenta e mexa bem. Preaqueça o forno a 175 °C.

Enquanto o ragu está cozinhando, prepare a carne: para o confit de frango, desfie a carne das coxas de frango, se você as usou. Se o confit foi feito com peitos de frango, corte ou desfie os peitos em tiras ou pedaços. Para as linguiças, a preparação depende do tipo que você usar. Se estiver usando uma linguiça do tipo "cru", frite numa panela até dourar, seguindo as instruções da embalagem. Deixe esfriar e depois corte em fatias com cerca de 4 cm de espessura. Se estiver usando uma linguiça do tipo pronto para consumo, apenas corte em fatias. Misture todas as carnes.

Agora você já pode montar o prato. Despeje metade da mistura de feijão numa assadeira grande; em seguida, coloque a carne por cima. Despeje o restante da mistura de feijão por cima da carne e, depois espalhe o confit de shimejis (com todos os sucos) por cima. Se quiser assar isso mais tarde, cubra e leve à geladeira por até 6 horas.

Agora, para o toque final, faça as migalhas de pão com alho: derreta a manteiga numa frigideira em fogo médio e adicione o alho. Acrescente as migalhas de pão. Cozinhe por cerca de 1 minuto para dourar levemente e, em seguida, espalhe sobre a assadeira. Asse, sem cobrir, por 1 hora (adicione mais 20 minutos ou algo assim se estiver refrigerado), até borbulhar e ficar quente. Sirva em seguida.

Coq au Vin

Este ensopado de frango com um toque defumado de bacon ou pancetta é uma homenagem dos *chefs* franceses a Dionísio, o deus do vinho. Como muitos outros clássicos franceses, eu só podia prová-lo em minha imaginação enquanto lia o livro *Mastering the Art of French Cooking*, de Julia Child, na época em que eu tinha 20 anos. Por quê? Eu era vegetariana desde os 12 anos. O que eu queria aprender eram técnicas que pudesse aplicar às culinárias vegetariana e vegana. Percebi que a grandeza de muitos clássicos franceses não dependia da carne, na realidade, mas do preparo, dos molhos, das ervas e especiarias (e, ousaria dizer, da manteiga). Aqui, o frango vegano (cuja qualidade pode variar muito, dependendo da marca) passa por um tratamento estilo confit modificado, assado em baixa temperatura numa mistura de manteiga e vinho, o que o torna macio, suculento e digno de estrelar esse ensopado glorioso.

Não acredito que algum ex-carnívoro, ou até mesmo alguém que ainda coma carne, recusaria uma porção dessa versão vegana, mesmo que fosse francês. É simplesmente delicioso. Certifique-se de ter bastante arroz, batatas ou macarrão na manteiga, como fettuccine, para servir junto.

Conheça os animais

Como os galos não põem ovos, correm o risco de acabar na panela mais cedo que as galinhas. Um galo salvo desse destino foi Barry. Ele passou os primeiros quatro meses de vida numa espécie de zoológico, antes de ser resgatado pelo Farm Sanctuary e trazido para o meu santuário animal, o Rancho Compasión. Barry era um bom galo. Tínhamos outro chamado Miles, que não era tão legal, pois muitas vezes atacava as pessoas. Sempre que Barry via Miles prestes a atacar alguém, ele o afugentava. Se Barry não estivesse por perto, bastava eu o chamar pelo nome, e ele vinha correndo para me proteger. Que Barry viva por muito tempo no paraíso dos galináceos!

600 a 700 gramas de frango vegano comprado pronto, inteiro ou em peitos, ou o Frango Suculento Caseiro (p. 202); ou o Frango Assado Saboroso (p. 204)

¾ de xícara de vinho branco

8 colheres de sopa de manteiga vegana derretida

2 colheres de chá de tomilho desidratado

Sal marinho

2 colheres de sopa de azeite

1 cebola grande amarela ou branca, fatiada

3 a 4 cenouras fatiadas

1 colher de sopa de alho picado

250 gramas de cogumelos cremini fatiados

1¼ de xícara de caldo de galinha vegano

2 xícaras de vinho tinto

¼ de xícara de *brandy* ou conhaque

2 colheres de sopa de extrato de tomate

180 gramas de pancetta caseira (p. 200); ou bacon vegano comprado pronto, em cubos (ver as Observações)

250 gramas de cebolas-pérola frescas ou congeladas (ver as Observações)

Pimenta-do-reino moída na hora

2 colheres de sopa de farinha de trigo

½ xícara de salsinha fresca picada

Preaqueça o forno a 150 °C.

Se você estiver usando um frango inteiro, corte-o em pedaços grandes, aproximadamente do tamanho de 1/4 ou 1/3 de um peito. Coloque o vinho branco, 6 colheres de sopa de manteiga, 1 colher de chá de tomilho e ½ colher de chá de sal numa assadeira quadrada de 23 cm ou similar e adicione o frango. Misture bem para envolver todos os pedaços; em seguida, cubra a assadeira com papel-alumínio e asse por 45 minutos a 1 hora, até que o frango absorva a maior parte do líquido da assadeira e fique suculento. Você pode preparar o frango com antecedência de até 2 dias, se quiser.

Enquanto o frango está no forno, aqueça o azeite numa panela grande ou frigideira funda, adicione as cebolas e refogue por 3 a 4 minutos, até começarem a murchar. Adicione as cenouras e o alho e continue refogando por cerca de 10 minutos, até as cenouras ficarem macias. Se a mistura começar a grudar, tampe a panela para permitir que cozinhe um pouco no vapor. Adicione os cogumelos e cozinhe por mais 5 minutos, até que murchem; junte o caldo de galinha, o vinho tinto, o conhaque, o extrato de tomate e o restante do tomilho. Deixe ferver e depois adicione o frango assado e todo o suco da assadeira; junte o bacon (ou a pancetta) e as cebolinhas em conserva. Tampe parcialmente e deixe cozinhar em fogo brando por cerca de 30 minutos, até o caldo reduzir cerca de 1/3. Prove e tempere com sal e pimenta, se necessário.

Numa tigela pequena, misture a farinha com as 2 colheres de sopa de manteiga restantes, adicione ao ensopado e mexa. O caldo deve engrossar quase imediatamente e se tornar um molho delicioso. Polvilhe com salsinha picada e sirva.

Observações: se você estiver usando pancetta, basta cortá-la em cubos. Se estiver usando bacon comprado pronto, precisará cortá-lo em cubos e fritá-lo antes de usar.

Se estiver usando cebolas-pérola congeladas, não precisa fazer nada especial antes de adicioná-las ao prato. Se estiver usando cebolas-pérola frescas, corte as pontas e escalde-as por 1 minuto em água fervente, para facilitar a remoção das cascas.

Bife Hasselback com Molho Chimichurri de Vinagre Balsâmico

Serve 6 pessoas

Por que limitar o método de corte Hasselback apenas às batatas? Se tiver o Bife Suculento Grelhado pronto, você pode transformá-lo em algo que pareça sofisticado, apesar de não o ser. Embora esta receita renda 6 porções, é fácil adaptá-la para fazer apenas um bife, portanto não se detenha só por não ter companhia e faça um jantar especial para o seu convidado favorito: você! Arroz, quinoa ou uma batata assada seriam ótimos acompanhamentos, mas você também pode fazer batatas Hasselback! Use a receita do molho chimichurri a seguir ou qualquer molho chimichurri comprado pronto. A receita é minha tentativa de copiar o chimichurri de um restaurante local que eu adoro. Depois de errar algumas vezes, finalmente descobri que o ingrediente secreto é um pouco de vinagre balsâmico envelhecido, que é incomum, mas adiciona um toque adorável de doçura que equilibra tudo.

MOLHO CHIMICHURRI BALSÂMICO
RENDE 1½ XÍCARA

1 xícara de salsinha fresca bem picada

⅓ de xícara de coentro fresco picadinho

¼ de xícara de cebola-roxa picadinha

¼ de xícara de pimentão vermelho picadinho

4 a 6 dentes de alho picadinho

1½ colher de chá de orégano desidratado ou 1½ colher de sopa de orégano fresco

½ colher de chá de pimenta vermelha em flocos, ou a gosto

3 colheres de sopa de vinagre de vinho tinto ou suco de limão

1 colher de sopa de vinagre balsâmico envelhecido

1 xícara de azeite extravirgem

1 colher de chá de sal marinho

Pimenta-do-reino moída na hora

BIFE

6 bifes veganos (120 a 180 gramas cada) comprados prontos, ou o caseiro Bife Suculento Grelhado na Brasa (p. 180)

Comece fazendo o molho chimichurri: misture todos os ingredientes do molho numa tigela e deixe descansar por pelo menos 1 hora, para que os sabores se desenvolvam. Se você não gosta de picar ou prefere que o molho não fique tão líquido, pode processá-lo no processador de alimentos por cerca de 2 ou 3 segundos; apenas não deixe que vire um purê! O molho deve ficar solto, e todos os ingredientes devem estar visíveis e perceptíveis. O chimichurri pode ser preparado com antecedência e mantido na geladeira por 7 a 10 dias para ser usado em praticamente tudo.

Enquanto o molho está descansando e ficando mais saboroso, prepare os bifes. Preaqueça o forno a 180 °C. Unte uma assadeira de 20 cm por 30 cm ou grande o suficiente para caber todos os bifes sem sobrepor.

Use a faca mais afiada da sua gaveta ou um mandolin. Coloque os bifes numa tábua e corte fatias finas, como faria com as batatas Hasselback, mas sem chegar até o fim, mantendo a peça unida. Entre cada fatia (ou você pode pular uma fatia de vez em quando, se for muito trabalhoso), coloque uma fatia de tomate. Se for um tomate grande, você pode cortar fatias menores para que não ultrapassem demais a altura dos bifes. Transfira os bifes para a assadeira preparada.

3 tomates cortados em fatias finas (aproximadamente 3 mm de espessura)

1½ xícara de cebola amarela, branca ou roxa, cortada em fatias finas (use um mandolin se você não tiver muita habilidade com a faca, pois as fatias precisam ficar bem fininhas)

6 dentes de alho picados

Sal marinho e pimenta-do-reino moída na hora

Azeite para regar

Polvilhe os bifes com cebola e alho e salpique-os levemente com sal e pimenta. Regue com azeite; cerca de 1 colher de chá por bife deve ser suficiente (sinta-se à vontade para adicionar mais, se quiser). Cubra a assadeira com papel-alumínio e asse por 30 a 40 minutos, até que as cebolas estejam macias, e os tomates, murchos.

Transfira cuidadosamente para pratos individuais e cubra com o molho chimichurri.

Croquetes de Carne de Porco Desfiada com Alho-Poró e Molho Cheddar de Porcini

Serve 6 pessoas (rendimento: 12 croquetes)

Desenvolvi esta receita para servir num evento esportivo de alto padrão no Vale de Napa, na Califórnia. O *chef* queria uma opção de menu vegano para servir aos convidados que optaram por não consumir carne. As pessoas de fora do nosso grupo que estavam comendo um prato de frango comum ficavam olhando para os nossos pratos com inveja e comentando que a nossa refeição parecia bem mais gostosa que a delas. Essa é uma versão sofisticada do que é conhecido como "korokke", prato muito apreciado no Japão, que consiste num croquete geralmente feito com batatas, carne moída ou legumes. Aqui, eu os recriei com "carne de porco desfiada", proporcionando conforto e satisfação ao mesmo tempo. O molho de queijo levemente azedo complementa e equilibra o sabor marcante dos croquetes. Embora possam ser feitos em tamanho pequeno e servidos como aperitivo, eles são tão bons que você vai querer comer alguns sobre um leito de arroz selvagem, acompanhado de brócolis.

450 gramas de batatas russet (com amido), descascadas e cortadas em quatro

Sal marinho

¼ de xícara de leite vegetal sem açúcar e sabor neutro, como leite de aveia, soja ou castanhas

30 gramas de cogumelos porcini desidratados, de molho em 4 xícaras de água morna por 30 minutos

450 gramas de tomates frescos maduros, bem picados

½ xícara de vinho tinto

350 gramas de queijo cheddar vegano picante, ralado, ou queijo cheddar cremoso

4 colheres de sopa de manteiga vegana

Coloque as batatas numa panela e cubra-as com água. Adicione uma pitada generosa de sal, tampe e cozinhe por cerca de 25 minutos, até ficarem bem macias. Escorra bem. Adicione o leite e amasse bem com um batedor de arame. Reserve.

Enquanto as batatas estão cozinhando, misture numa panela de 2 litros os cogumelos e a água do molho, os tomates, o vinho tinto e 1 colher de chá de sal. Leve para ferver em fogo alto e depois reduza o fogo; cozinhe em fogo baixo por cerca de 30 minutos, até que os tomates se desfaçam completamente, e o molho tenha reduzido de 1/3 à metade. Adicione o queijo e misture até derreter e ficar incorporado por completo. O molho vai engrossar um pouco enquanto aquece. Cubra e reserve.

Numa frigideira grande, derreta a manteiga em fogo médio-baixo. Adicione o alho-poró e uma pitada de sal e refogue por 7 a 8 minutos, até ficar macio. Adicione a "carne de porco desfiada", o tomilho, a sálvia e as batatas amassadas e misture bem. Tempere com sal e pimenta. Com uma colher de sorvete, forme 12 bolinhas da mistura numa

A RECEITA CONTINUA ➻

2 alhos-porós, com as partes branca e verde-clara, cortados ao meio no sentido longitudinal e depois em fatias finas

350 gramas de "carne de porco desfiada" vegana de cogumelo eryngui (de preferência caseira; p. 119) ou "carne de porco desfiada" vegana defumada

2 colheres de chá de tomilho fresco picado

1 colher de chá de sálvia fresca picada

Pimenta-do-reino moída na hora

2 xícaras de farinha de trigo comum

1 xícara de água

3 colheres de sopa de semente de linhaça moída

3 a 4 xícaras de farinha panko ou farinha de rosca sem glúten

Óleo neutro, como o de girassol, canola, abacate ou semente de uva

assadeira forrada com papel-manteiga, cubra e coloque na geladeira para resfriar por pelo menos 30 minutos, até ficarem firmes o suficiente para moldar os croquetes.

Coloque a farinha numa tigela e bata a água e a linhaça moída juntas em outra tigela para fazer um "ovo" de linhaça. Coloque a farinha de rosca numa terceira tigela. Molde as bolinhas com as mãos para formar croquetes com cerca de 5 cm a 7 cm de comprimento e passe-os na farinha em seguida. Mergulhe-os cuidadosamente no "ovo" de linhaça e depois cubra com farinha de rosca. Se o "ovo" de linhaça ficar muito pegajoso, adicione algumas colheres de água para alcançar a consistência desejada.

Despeje óleo numa fritadeira, wok ou panela numa profundidade de 5 cm e aqueça em fogo médio-alto até atingir uns 190 °C, ou até que um pedaço pequeno da massa de croquete afunde e logo suba à superfície. Frite os croquetes por 6 minutos, virando-os na metade do tempo, até que dourem por igual. Frite poucos croquetes por vez – uma boa regra é cobrir apenas a metade da superfície do óleo com os croquetes. Escorra em papel-toalha.

Sirva com uma generosa porção do molho cheddar de porcini.

Lagosta à Thermidor

Serve de 4 a 6 pessoas

Eu sei, lagosta à Thermidor é algo muito anos 1970, época em que ela estava na moda. Mas isso não significa que, assim como a fórmica, seja irrelevante agora. Ainda é super-saborosa e, na verdade, muito simples de fazer, especialmente se você já tiver preparado a Adorável Lagosta com antecedência. Você vai querer queijo cheddar vegano e parmesão de boa qualidade para isso, já que o queijo é parte integrante do prato, proporcionando sabor e substância.

3 colheres de sopa de manteiga vegana

1 colher de sopa de azeite de oliva

½ xícara de chalotas picadas

Sal marinho

180 gramas de champignons ou cogumelos cremini (2½ xícaras) cortados em fatias finas

3 colheres de sopa de farinha de trigo

2 xícaras de Leite de Castanha-de-Caju Caseiro (receita a seguir), leite de aveia sem açúcar ou "sabor original", ou creme de leite vegano, aquecido

3 colheres de sopa de vermute ou vinho branco

140 a 170 gramas de queijo cheddar vegano médio a forte, ralado

Pimenta-do-reino branca moída na hora

600 gramas da Adorável Lagosta (p. 219), cortada ou partida em pedaços

60 gramas de queijo parmesão vegano comprado pronto, ou Parmesão Caseiro (p. 228), ralado ou em pedaços, ou Parmesão de Nozes Rápido (p. 169)

Preaqueça o forno a 175 °C. Unte 4 a 6 ramequins ou uma assadeira de 20 cm por 30 cm, aproximadamente.

Numa panela, derreta a manteiga com o óleo em fogo médio-baixo, adicione as chalotas e uma pitada de sal e refogue por 3 a 4 minutos, até que estejam macias. Adicione os cogumelos, aumente o fogo para médio e cozinhe por cerca de 3 minutos, até que os cogumelos murchem. Polvilhe a farinha e mexa por 1 minuto; em seguida, adicione o leite quente e misture com uma colher de pau por cerca de 2 minutos, até engrossar e ficar cremoso. Adicione o vermute ou vinho branco e 80 gramas de queijo cheddar e cozinhe até o queijo derreter completamente. Tempere com sal e pimenta-do-reino branca. Junte a Adorável Lagosta.

Distribua a mistura nos ramequins preparados ou despeje tudo na assadeira. Misture o parmesão e o restante de queijo cheddar e polvilhe por cima. Cubra com papel-alumínio e asse por 20 a 30 minutos – ou o tempo necessário para a mistura borbulhar e o queijo derreter, dependendo do tamanho da assadeira e se a preparação da lagosta foi ou não resfriada antes de assar.

Variação

Vol-au-Vent de Lagosta à Thermidor Extrachique (serve de 4 a 6 pessoas ou rende cerca de 24 aperitivos): talvez este prato seja ainda mais anos 1970, mas permanece um clássico. Compre algumas massas folhadas congeladas veganas, em tamanho de aperitivo ou prato principal. Recheie com a Lagosta à Thermidor, cubra com o queijo e asse de acordo com as instruções da embalagem ou até o queijo derreter. Sirva numa festa sofisticada ou num jantar especial.

Leite de Castanha-de-Caju Caseiro

Rende cerca de 2 xícaras

½ xícara de castanhas-de-caju cruas

2 xícaras de água

Bata as castanhas-de-caju e a água num liquidificador até obter uma mistura lisa e cremosa. Guarde na geladeira por até 4 dias.

Fettuccine de Lagosta ao Alho

Serve 4 pessoas

Todos nós amamos um bom prato de massa, mas, muitas vezes, pensamos nele como algo saboroso, porém comum. Aqui está um prato que vai deixar você maravilhado (mas não suando, pois fica pronto em minutos, se você tiver uma reserva da Adorável Lagosta guardada no freezer ou na geladeira). Certifique-se de escolher um fettuccine de boa qualidade e não deixe que cozinhe demais. O molho é cremoso, porém leve, com o toque de doçura da lagosta e o umami dos cogumelos.

1 xícara de água

½ xícara de castanhas-de-caju cruas

Sal marinho

8 colheres de sopa de manteiga vegana

700 gramas da Adorável Lagosta (p. 219)

350 gramas de champignons ou cogumelos cremini, cantarelo ou morel, cortados em fatias finas

2 colheres de sopa de alho picado

Pimenta-do-reino preta ou branca moída na hora

350 gramas de fettuccine fresco ou 250 gramas de fettuccine seco

½ xícara de salsinha fresca picada

Como este prato tem preparo rápido, certifique-se de que tudo esteja pronto antes de cozinhar a massa, para evitar que fique empapada. Comece fazendo o creme de castanha-de-caju. Coloque a água e as castanhas num liquidificador e bata até a mistura ficar bem lisa e cremosa, de 1 a 3 minutos, dependendo do liquidificador. Reserve.

Coloque no fogo uma panela grande com água, acrescente o sal e deixe ferver, mas não cozinhe a massa antes de preparar o molho de lagosta, o qual ficará pronto enquanto a água ferve.

Numa frigideira funda em fogo médio, derreta 2 colheres de sopa de manteiga até formar espuma. Adicione os pedaços de lagosta, tempere com um pouco de sal e refogue delicadamente por 4 a 5 minutos, até que os pedaços estejam levemente dourados. Retire da frigideira e reserve por alguns minutos enquanto cozinha os cogumelos.

Derreta as outras 6 colheres de sopa de manteiga na frigideira em fogo médio, até formar espuma. Adicione os cogumelos e o alho e frite por cerca de 5 minutos, até que os cogumelos estejam dourados. Tempere com um pouco de sal. Coloque a lagosta de volta na frigideira e continue fritando por mais 1 minuto. Reserve enquanto a massa cozinha.

Agora, volte a atenção para a massa. Cozinhe o fettuccine de acordo com as instruções da embalagem, certificando-se de que fique *al dente*. Você pode optar por deixá-lo um pouco mais firme, pois ele continuará cozinhando no molho. (Desculpe, mas aqui não serve uma massa empapada.) Com um pegador, retire a massa da panela do cozimento e adicione à frigideira com os cogumelos e a lagosta (não escorra a massa num escorredor). Adicione aproximadamente 1 xícara de água do cozimento da massa e ligue o fogo novamente em fogo médio-baixo. Agregue o creme de castanha-de-caju e aqueça brevemente até engrossar e se tornar um delicioso molho; em seguida, misture a salsinha, tempere com sal e pimenta e sirva.

Tamales de Carne com Molho Mole

Rende cerca de 16 tamales

Lembro-me da primeira vez que fiz tamales, há mais de vinte anos. Guillermina, uma funcionária maravilhosa de outra empresa de alimentos que eu tinha, me ensinou a fazê-los (assim como me ensinou o molho de enchilada; o mole, um molho rico, espesso e aromático, e outras coisas maravilhosas). O que pensei na época não mudou: preferia que eles ficassem prontos num passe de mágica, pois realmente exigem paciência. Mas valem a pena. No México, as mulheres fazem esse prato enquanto batem papo, o que faz o tempo passar mais depressa. Portanto, convide a família para ajudar a fazer esses tamales. Vai ser preciso espalhar a massa nas palhas de milho, rechear com uma mistura de carne bovina bem temperada com mole e finalmente embrulhar tudo antes de cozinhar no vapor. Não, não é uma refeição para uma noite qualquer, mas também não é cansativa – e a grande revelação quando chega a hora de comer, quando cada convidado abre a primeira palha de milho para descobrir o tamale fumegante dentro dele, vale todo o esforço. Os tamales são especialmente adoráveis quando servidos no Natal e em outras datas comemorativas, porque são como presentinhos. Há bastante molho de mole para servir, e você pode guardar qualquer sobra, bem tampada, na geladeira por até duas semanas.

Para esta receita, você vai precisar de palhas de milho. Se as que vai usar não estiverem totalmente macias e flexíveis, deixe-as de molho numa tigela grande com água morna enquanto prepara tudo de que vai precisar. Use um prato para manter as folhas totalmente submersas.

Opte por pimentões desidratados que ainda estejam brilhantes e flexíveis; pimentões mais maduros, que tendem a escurecer com o tempo, nem sempre hidratam completamente.

A RECEITA CONTINUA ➻

MOLE

6 pimentas-guajillo secas

6 pimentas Califórnia secas

5 tomates médios maduros, sem os talos, cortados ao meio

1 cebola amarela pequena, cortada em quatro

3 colheres de sopa de óleo neutro, como o de girassol, canola, abacate ou semente de uva

1½ colher de chá de orégano desidratado

Sal kosher e pimenta-do-reino moída na hora

2 colheres de chá de sementes de cominho

3 dentes de alho picados grosseiramente

1 xícara de sementes de abóbora descascadas, torradas e sem sal

60 gramas de chocolate meio amargo vegano ralado (aproximadamente ½ xícara cheia) ou ½ xícara de gotas de chocolate meio amargo vegano

1 colher de chá de canela em pó

1½ xícara de caldo de legumes

Preaqueça o forno a 230 °C.

Comece o molho mole: primeiro, toste os pimentões por alguns segundos sobre uma chama alta no fogão, usando pinças para segurá-los a cerca de 2 cm da chama, até que estalem e comecem a dourar. (Isso realça um pouco mais o sabor dos pimentões, mas você pode pular essa etapa, se preferir.) Coloque os pimentões tostados numa tigela e adicione água fervente para cobrir. (Adicione um pouco mais que o necessário, porque você vai usar um pouco dessa água em breve. Você pode colocar um peso sobre os pimentões se eles boiarem na superfície.) Deixe que amoleçam por cerca de 1 hora, até a água ficar morna.

Numa assadeira, misture os tomates e a cebola com 1 colher de sopa de óleo e o orégano; tempere com sal e pimenta. Asse por 30 minutos, ou até que os tomates estejam desmanchando, e as cebolas, macias. Transfira a mistura de tomate (e qualquer suco da assadeira) para o liquidificador.

Enquanto os tomates assam, faça o recheio: numa tigela grande, misture o molho de soja e a fumaça líquida. Adicione os cogumelos shitake e eryngui e mexa para envolvê-los totalmente nessa mistura. Aqueça uma frigideira grande em fogo médio-alto. Adicione o óleo e a mistura de cogumelos, tempere com sal e pimenta e frite por cerca de 10 minutos, mexendo de vez em quando, até que os cogumelos tenham soltado sua água e estejam bem dourados. Adicione a carne *asada*, a canela, o cominho e o cravo e mexa por mais 2 a 3 minutos, até que as especiarias estejam bem incorporadas. Adicione 1 xícara da água do molho de pimentão, mexa até que a panela esteja seca, tempere com sal e pimenta e reserve.

Quando os tomates estiverem prontos, volte ao mole: aqueça uma frigideira pequena em fogo médio. Adicione as sementes de cominho e mexa ou agite a frigideira por cerca de 1 minuto, até que comecem a exalar um aroma fragrante. Adicione as 2 colheres de sopa restantes de óleo e o alho e cozinhe por mais cerca de 30 segundos, até que o alho comece a dourar. Leve esse óleo para o liquidificador e acrescente as sementes de abóbora, o chocolate, a canela e 2 colheres de chá de sal.

Quando os pimentões estiverem macios, remova os talos e transfira-os com as sementes para o liquidificador, cuidando para retirar o excesso de água. Bata até ficar completamente homogêneo, parando para raspar as laterais do copo do liquidificador, se necessário. Adicione 1 xícara do molho de pimentão ao recheio e misture bem até envolver toda a carne e os cogumelos. Transfira o molho mole para uma panela média, misture o caldo de carne, leve para ferver e tempere com sal e pimenta. Retire do fogo e reserve.

RECHEIO

2 colheres de sopa de molho de soja, tamari ou Aminoácidos Líquidos Bragg (ver o Glossário)

4 colheres de chá de fumaça líquida (opcional)

250 gramas de cogumelos shitake frescos, sem os talos, cortados ao meio e depois em tiras de 10 cm

60 gramas de cogumelos eryngui frescos, cortados em fatias de 6 mm

2 colheres de sopa de óleo neutro, como o de girassol, canola, abacate ou semente de uva

Sal kosher e pimenta-do-reino moída na hora

1 pacote (500 gramas) de carne assada vegana, ou o Bife Suculento Grelhado na Brasa (p. 180), picado grosseiramente

½ colher de chá de canela em pó

½ colher de chá de cominho em pó

¼ de colher de chá de cravo-da-índia em pó

MASSA

4 xícaras de massa harina (farinha de milho para tortilhas)

4 xícaras de água quente

250 gramas de manteiga vegana, cortada em cubos

1 colher de sopa de fermento em pó

1 colher de chá de sal kosher

24 palhas de milho secas, enxaguadas

Faça a massa: na tigela da batedeira, bata a massa harina com 3 xícaras da água quente, em velocidade baixa, até a mistura ficar homogênea. Adicione a manteiga, o fermento e o sal e bata até a massa começar a se juntar. Ainda em velocidade baixa, adicione a xícara restante de água quente num fio fino e constante; a massa deve ficar lisa, como uma massa de biscoito. Aumente a velocidade para médio-alta e bata por cerca de 30 segundos, até ficar leve.

Para formar os tamales, escolha as 16 palhas de milho maiores. (Se você as deixou de molho, espalhe-as em panos de prato e seque-as um pouco antes de começar.) Rasgue algumas das palhas restantes em tiras de cerca de 1,5 cm de largura. (Você usará essas tiras para fechar os tamales com uma amarração.) Trabalhando com 4 palhas de cada vez, arrume-as numa superfície de trabalho plana e limpa, de modo que a ponta mais fina da palha fique próxima a você. Coloque cerca de ¼ de xícara de massa na parte mais larga de cada palha e, com o dorso de uma colher, espalhe a massa num quadrado de aproximadamente 10 cm a 13 cm, deixando cerca de 2,5 cm de espaço vazio na parte superior e nas laterais de cada palha. (Você pode ter mais ou menos espaço para a massa, dependendo do tamanho da palha. Cada uma será um pouco diferente.) Adicione cerca de ¼ de xícara do recheio de carne em cada quadrado de massa e arrume o recheio numa faixa uniforme paralela às laterais mais longas da palha, deixando uma borda de 1,5 cm de massa sem recheio na parte de baixo e na parte de cima. Trabalhando com um tamale de cada vez, junte os lados longos da palha, de modo que a massa feche o recheio, como se estivesse embrulhando um presente. Em seguida, dobre uma das pontas sobre essa emenda e amarre todo o pacote com uma das tiras de palha reservadas. (Deixe a extremidade restante aberta; essa é a parte superior do tamale.) Não amarre muito apertado, pois a massa vai crescer durante o cozimento. Repita o mesmo processo com os tamales restantes.

Despeje cerca de 5 cm de água numa panela grande e acondicione uma cesta de vapor, um escorredor de legumes ou algumas tigelas pequenas à prova de calor (qualquer coisa que permita que os tamales cozinhem no vapor sem tocar na água). Coloque os tamales com as extremidades abertas viradas para cima. (Se necessário, preencha qualquer espaço extra no fundo da panela com papel-alumínio amassado.) Cozinhe no vapor por 1 a 4 horas, ou até que as palhas comecem a se soltar da massa facilmente, adicionando mais água fervente se o nível de água estiver baixo. Retire os tamales e deixe-os descansar, cobertos com um pano de prato, por 10 minutos, antes de servir. Aqueça suavemente o molho em fogo baixo e sirva com os tamales.

Porco Glaceado com Mostarda, Purê de Raízes e Feijão com Alho

Serve 4 pessoas

Esta receita é composta por diferentes elementos que a tornam um prato único: o delicioso tender vegano glaceado com mostarda sobre um purê de raízes, acompanhado de feijão com alho. Servido com um toque de algo verde (como brócolis, talvez?), é o tipo de prato que você encontraria num restaurante sofisticado. É uma boa opção para praticar suas habilidades de apresentação.

Para torná-lo o mais simples possível, utilizei feijão enlatado. No entanto, você pode, é claro, usar feijão cozido em casa, o que deixará o prato ainda melhor.

PORCO

500 gramas de tender vegano (p. 191) cortado em fatias de 1,5 cm de espessura

¼ de xícara mais 2 colheres de sopa de azeite de oliva

¼ de xícara de xarope de bordo ou agave

3 colheres de sopa de molho de soja, tamari ou Aminoácidos Líquidos Bragg (ver o Glossário)

2 colheres de sopa de mostarda em grãos

1 colher de chá de raspas de limão

PURÊ DE RAÍZES

450 gramas de batatas Yukon Gold (ou uma batata similar, como a ágata ou a inglesa), descascadas e cortadas em fatias grossas

180 gramas de mandioquinha descascada e cortada em fatias grossas

180 gramas de nabos descascados e cortados em fatias grossas

Sal marinho

2 colheres de sopa de manteiga vegana

½ a ⅔ de xícara de leite não lácteo sem açúcar ou sabor "original", de preferência leite de aveia, castanhas ou outro leite integral vegano

Pimenta-do-reino moída na hora

Marinada para o porco: num recipiente largo o suficiente para acomodar todas as fatias de carne de porco lado a lado, misture ¼ de xícara de azeite de oliva, o xarope de bordo, o molho de soja, a mostarda e a raspas de limão. Coloque as fatias de carne de porco na marinada e vire-as para besuntar todos os lados. Cubra o recipiente e deixe marinar na geladeira por pelo menos 8 horas ou até 24 horas.

Cerca de 1 hora antes de servir, faça o purê de raízes: coloque as batatas, as mandioquinhas e os nabos numa panela e cubra com água. Adicione cerca de ½ colher de chá de sal, tampe e deixe ferver. Reduza o fogo e cozinhe por 10 a 15 minutos, até que os legumes estejam macios quando espetados com um garfo. Escorra a água. Adicione a manteiga e ½ xícara de leite e, usando um mixer de mão ou um amassador de batatas, misture bem até obter uma consistência cremosa e acrescente mais leite se quiser uma textura mais suave. Tempere com sal e pimenta.

Prepare o feijão com alho: despeje o feijão (enlatado ou cozido em casa) com o líquido numa panela pequena e junte o alho e os aminoácidos líquidos. Deixe ferver em fogo baixo por 5 a 10 minutos, até que o alho fique macio. Misture as cebolinhas.

Agora cozinhe a carne de porco: retire a carne de porco da marinada, deixando o excesso escorrer e reservando o que ficar na tigela. Aqueça uma frigideira em fogo médio e adicione as 2 colheres de sopa restantes de azeite de oliva. Frite as fatias até

FEIJÃO COM ALHO

1 lata (400 gramas) de feijão-branco ou favas, ou cerca de 2 xícaras de feijão cozido em casa com o líquido de cozimento

4 dentes de alho picados

1 colher de sopa de molho de soja, tamari ou de Aminoácidos Líquidos Bragg (ver o Glossário)

2 colheres de sopa de cebolinha fresca picada

que fiquem douradas, caramelizadas e brilhantes, cerca de 3 ou 4 minutos de cada lado. Despeje a marinada restante na frigideira e deixe borbulhar por 1 minuto; em seguida, desligue o fogo.

Para servir, coloque um pouco do purê de raízes num prato e disponha as fatias de carne de porco sobre ele. Guarneça com o feijão e sirva.

Tender Vegano Recheado com Cebola, Alho-Poró e Maçã

O suculento tender vegano recebe tratamento especial aqui, recheado com uma mistura salgada e doce de cebolas e maçãs e depois envolto em Prosciutto (p. 199). Acompanhado de batatinhas assadas, é uma nova e saborosa versão de um tradicional jantar de carne e batatas.

4 colheres de sopa de azeite de oliva, mais um pouco para untar a assadeira

1 cebola amarela picada

1 alho-poró grande, partes branca e verde, fatiado

2 maçãs médias e crocantes, como Fuji ou Gala, cortadas em pedaços de 1,5 cm

2 colheres de chá de sálvia desidratada ou 3 colheres de sopa de sálvia fresca picada

Sal marinho e pimenta-do-reino moída na hora

1 quilo de tender vegano (p. 191) dividido em 6 pedaços

Aproximadamente 12 lâminas de Prosciutto (p. 199)

900 gramas de batatinhas bem lavadas e cortadas ao meio

1 colher de chá de páprica defumada

Preaqueça o forno a 190 °C. Unte uma assadeira de 20 cm por 30 cm, aproximadamente.

Em fogo médio, aqueça 2 colheres de sopa de óleo numa frigideira, adicione a cebola picada e o alho-poró e refogue por 5 a 6 minutos, até que estejam quase macios, mas não completamente. Adicione as maçãs e refogue por mais 3 minutos, até que as cebolas e o alho-poró estejam macios. Aumente o fogo para alto e deixe o fundo caramelizar por 1 minuto. Desligue o fogo e misture a sálvia. Tempere com sal e pimenta.

Pegue um pedaço do tender vegano e divida ao meio para que se abra como um livro, mas ainda fique preso de um lado. Recheie generosamente com a mistura de cebola, alho-poró e maçã. Envolva completamente o pedaço de carne de porco com uma fatia de presunto, cobrindo o recheio e a carne. Faça isso com os cinco pedaços restantes e arrume-os cuidadosamente na assadeira preparada. Certifique-se de colocar a emenda de fechamento do presunto virada para baixo e de deixar espaço entre os pedaços.

Numa tigela, misture as batatinhas com as 2 colheres de sopa restantes de azeite de oliva e a páprica defumada e tempere com sal e pimenta. Espalhe as batatinhas ao redor dos pedaços de tender vegano (se não houver espaço, você pode assar as batatinhas separadamente). Cubra a assadeira com papel-alumínio e asse por cerca de 1 hora, até que as batatinhas estejam macias ao serem perfuradas com um garfo. Descubra a assadeira e sirva.

Rocambole de Brisket com Duxelles e Demi-Glace de Trufas

Serve 8 pessoas

Este prato espetacular é adequado para qualquer ocasião especial. O brisket (peito bovino) pode ser feito no mesmo dia ou dias antes. Altamente recomendado para esse prato é o Brisket Maravilhoso; infelizmente, não encontrei nada disponível comercialmente que tenha a textura e o sabor certos. O brisket macio é recheado com uma duxelles deliciosa e, em seguida, envolto num demi-glace delicioso, com aroma de trufas. Entregue-se ao prazer.

RECHEIO DE DUXELLES

700 gramas de champignons ou cogumelos cremini cortados em quatro

2 colheres de sopa de azeite

1 xícara de chalotas picadas

2 dentes de alho picados

3 colheres de sopa de vinho Madeira, xerez ou conhaque

½ maço de salsinha picada

1 xícara de migalhas de pão fresco

2 colheres de chá de azeite de trufas brancas

Sal marinho e pimenta-do-reino moída na hora

DEMI-GLACE DE TRUFAS

1¼ de xícara de vinho tinto

½ xícara de saquê mirin (ver o Glossário)

Sucos dos cogumelos

⅓ de xícara de molho de soja ou tamari

2 colheres de sopa de azeite de trufas brancas

6 dentes de alho picados

3 colheres de sopa de amido de milho

¼ de xícara de água

BRISKET

700 gramas de Brisket Maravilhoso (p. 184)

3 colheres de sopa de azeite de oliva ou manteiga vegana

Prepare as duxelles: coloque um pouco dos cogumelos num processador de alimentos e pulse para picar bem, mas não a ponto de transformar em purê. Repita até que todos os cogumelos estejam processados. Coloque cerca de 1 xícara dos cogumelos picados num pano de prato e, sobre uma tigela, esprema para extrair o máximo de suco e deixar os cogumelos o mais secos possível. Repita com os cogumelos restantes. Reserve o suco para o molho; você deve ter de ½ a ¾ de xícara.

Aqueça o azeite numa frigideira em fogo médio, adicione as chalotas e o alho e refogue por 3 a 4 minutos, até ficarem macios. Adicione os cogumelos espremidos e refogue por cerca de 10 minutos, até que a mistura esteja levemente dourada e pareça seca. Umedeça os cogumelos com o vinho Madeira e deixe no fogo por 1 minuto para reduzir o sabor do álcool. Misture a salsinha, as migalhas de pão e o azeite trufado e tempere com sal e pimenta.

Preaqueça o forno a 180 °C para o brisket. Forre uma assadeira com papel-manteiga.

Prepare o demi-glace: misture o vinho tinto, o saquê mirin, o suco dos cogumelos, o molho de soja, o azeite trufado e o alho numa panela. Leve ao fogo e deixe ferver por cerca de 30 minutos, até reduzir quase pela metade e ficar saboroso. Numa tigela pequena, dissolva o amido de milho na água e misture na panela para engrossar ligeiramente, de modo que envolva as costas de uma colher.

Enquanto o demi-glace está fervendo, prepare o brisket: corte o brisket em filés com cerca de 1 cm de espessura, 15 cm de comprimento e 10 cm de largura. Numa frigideira grande, aqueça o óleo em fogo médio-alto. Adicione o brisket e sele os filés rapidamente dos dois lados, cerca de 1 minuto ou 2 de cada lado. Retire da frigideira. Coloque cerca de ¼ de xícara de duxelles sobre cada filé e enrole no sentido do comprimento. Coloque os rolos na assadeira preparada e cubra com papel-alumínio. Asse por cerca de 20 minutos. Despeje de 2 a 3 colheres de sopa de demi-glace sobre cada porção de brisket e sirva em seguida.

Rolinhos de Repolho Recheados com Arroz Selvagem, Cebola Caramelizada e Porcini ao Molho de Vinho Tinto

Serve de 6 a 8 pessoas

Sou grata a Julia Child, pois atribuo a ela grande parte dos meus conhecimentos culinários. Um dos truques que aprendi com ela é como preparar o repolho para fazer rolinhos. Sinceramente, não tenho paciência para todo aquele processo cuidadoso de escaldar cada uma das folhas para que não fiquem muito crocantes ou encharcadas. Que trabalho desnecessário! Julia diz para simplesmente congelar e descongelar! O congelamento deixa as folhas maleáveis como se tivessem sido escaldadas, e você pode se concentrar em fazer um recheio delicioso.

1 repolho verde ou crespo médio

1 xícara de arroz selvagem

5½ xícaras de água em temperatura ambiente

3 colheres de sopa de azeite

6 xícaras de cebolas amarelas ou brancas em fatias finas (2 a 3 cebolas)

Sal marinho

6 colheres de sopa de vinho tinto, divididas

30 gramas de cogumelos porcini desidratados

1 xícara de água quente

450 gramas de "carne" moída vegana do tipo "crua" comprada pronta, ou Carne Moída "Crua" Caseira (p. 185)

3 dentes de alho picados

2 colheres de sopa de molho de soja, tamari ou Aminoácidos Líquidos Bragg (ver o Glossário)

¾ de xícara de castanhas-de-caju cruas

Pimenta-do-reino moída na hora

Quando se trata de repolho, você tem duas opções: pode cortar a base e soltar as folhas individualmente, escaldá-las em água fervente, até que fiquem maleáveis (o método tradicional), ou seguir a sugestão da Julia (ela sabia das coisas) e simplesmente congelar o repolho inteiro por alguns dias. Assim você não tem nenhum trabalho. Julia e eu recomendamos muito esse método. Basta deixá-lo no congelador por pelo menos 24 horas, de preferência mais tempo (até uma semana). Em seguida, espere descongelar (pode levar até 24 horas para descongelar completamente). Para fazer isso, coloque o repolho numa peneira sobre uma tigela e deixe na bancada da cozinha. Sério. Esse é o método mais fácil. Depois de descongelado, basta cortar a base, e as folhas vão ficar maleáveis e se soltar com facilidade. Mas é claro que também é possível escaldar as folhas uma a uma, se você preferir.

Depois do repolho, comece a cozinhar o arroz selvagem e caramelizar as cebolas.

Coloque o arroz selvagem numa panela média com 4 xícaras de água em temperatura ambiente. Tampe a panela, leve ao fogo alto e deixe ferver. Em seguida, reduza o fogo para baixo e cozinhe por cerca de 1 hora, até que a água tenha sido absorvida, e o arroz esteja macio. (Isso pode ser feito com até 4 dias de antecedência.)

Enquanto isso, comece a preparar as cebolas. Aqueça uma frigideira grande em fogo médio e adicione 2 colheres de sopa de azeite. Aqueça por um instante, depois adicione as cebolas e uma pitada de sal. Reduza o fogo e refogue as cebolas por cerca de 40 minutos, mexendo de vez em quando, até que elas reduzam cerca de 3/4 do tamanho e fiquem douradas, macias e doces.

A RECEITA CONTINUA ➼

CONTINUAÇÃO DA RECEITA DE Rolinhos de Repolho Recheados com Arroz Selvagem, Cebola Caramelizada e Porcini ao Molho de Vinho Tinto

MOLHO DE VINHO TINTO
1½ xícara de caldo de legumes

1 xícara de vinho tinto

¼ de xícara de extrato de tomate

3 colheres de sopa de molho de soja ou tamari

3 colheres de sopa de saquê mirin (ver o Glossário)

2 folhas de louro

2 ramos de tomilho fresco ou ½ colher de chá de tomilho desidratado

30 gramas de cogumelos porcini desidratados (opcional)

Algumas podem grudar na panela, mas tudo bem. Adicione 3 colheres de sopa de vinho tinto às cebolas para deglaçar. Isso vai soltar a cebola grudada no fundo. Mexa para incorporar os sabores e transfira para um recipiente.

Enquanto tudo isso acontece, deixe os cogumelos porcini de molho em água quente por 20 a 30 minutos. Quando estiverem macios, remova e pique em pedaços de 1,5 cm, reservando a água do molho.

Na mesma frigideira em que preparou as cebolas, aqueça a colher de sopa restante de azeite em fogo médio. Adicione a carne moída, o alho e o molho de soja e cozinhe por cerca de 5 minutos, até dourar e desintegrar. Adicione as 3 colheres de sopa restantes de vinho tinto e misture. Desligue o fogo.

Agora, combine todos os passos anteriores. Adicione à carne o arroz selvagem, as cebolas caramelizadas, os cogumelos porcini e a água de molho e misture bem. Tempere com sal e pimenta.

Faça o molho bechamel de castanha-de-caju. Misture as castanhas-de-caju e a 1½ xícara restante de água em temperatura ambiente num liquidificador e bata até obter um creme suave. Coloque o creme de castanha-de-caju numa panela pequena e cozinhe em fogo baixo até engrossar e se transformar num molho bechamel. Despeje esse molho na mistura de carne e arroz e mexa bem. Ajuste o tempero, se necessário.

Recheie as folhas de repolho. Coloque uma folha numa tábua de cortar e, usando uma faca afiada, remova cuidadosamente o talo. Repita isso com todas as folhas até chegar às bem pequenas no centro (reserve e use essas para outro prato). Coloque ½ xícara do recheio logo acima do lugar onde removeu o talo. Dobre as abas inferiores em formato de cruz, dobre as laterais sobre o recheio e depois enrole, fazendo um rolinho de repolho. Coloque os rolinhos bem próximos um do outro numa panela funda. Repita com as folhas e o recheio restantes. Você deve obter cerca de 12 rolinhos.

Faça o molho de vinho tinto (que se transforma num molho à medida que cozinha com os rolinhos de repolho): misture todos os ingredientes para o molho e despeje sobre os rolinhos. (Se estiver usando os cogumelos porcini desidratados, não é necessário hidratá-los antes; apenas junte-os ao molho.) Cubra a panela com uma tampa ou papel-alumínio e cozinhe em fogo médio-baixo por cerca de 30 minutos, até que o molho reduza a uma calda espessa. Tire a tampa e sirva.

Espetinhos Zen em Marinada de Laranja e Soja

Serve de 6 a 8 pessoas

Este pode ter sido o prato favorito de todos os tempos no Now and Zen Bistro, restaurante vegano que tive em São Francisco, no início dos anos 1990. Quando decidimos renovar o cardápio e tiramos esse prato, os clientes mais assíduos ficaram irritados. Ele também era o favorito em feiras ao ar livre, onde vendíamos milhares desses espetinhos, muitas vezes para onívoros desavisados que achavam que era frango. A carne de glúten suculenta e macia absorve a marinada cítrica e picante que carameliza na grelha. Esse prato fica melhor se grelhado ou assado na churrasqueira. Para os celíacos, veja a Variação. A marinada pode ser preparada antecipadamente e refrigerada por até uma semana ou congelada por vários meses.

SEITAN

1 xícara de água

1 colher de sopa de molho de soja, tamari ou Aminoácidos Líquidos Bragg (ver o Glossário)

1¼ a 1½ xícara de glúten de trigo vital (ver o Glossário)

1 cebola amarela, branca ou roxa fatiada

1 cenoura fatiada

2 talos de aipo fatiados

2 colheres de chá de sal marinho ou sal kosher

MARINADA DE LARANJA E SOJA

350 gramas de suco de laranja concentrado congelado

½ xícara de vinagre de vinho tinto

½ xícara de molho de soja ou tamari

2 xícaras de azeite de oliva

6 dentes de alho grandes descascados

7 colheres de sopa de óleo de gergelim torrado

Comece preparando o seitan: despeje a água e o molho de soja numa tigela. Adicione o glúten de trigo e mexa para formar uma massa macia e maleável, mas não mole. Comece com 1¼ xícara e aumente para o total de 1½ xícara se estiver muito mole. Essa massa precisa produzir uma carne esponjosa que absorverá a marinada, por isso não adicione muito glúten de trigo. Mexer é tudo o que é necessário; *não é preciso sovar!* A ideia é mantê-la o mais macia possível, ao contrário de muitas receitas de seitan em que a carne de glúten fica com consistência que requer mastigação. Corte ou rasgue a massa em 3 ou 4 pedaços.

Enquanto isso, encha uma panela grande com água até um pouco mais da metade, acrescente a cebola, a cenoura, o aipo e o sal e leve para ferver em fogo alto. Coloque a carne de glúten na água, reduza o fogo e deixe ferver em fogo baixo, não em fervura rápida. Cozinhe por cerca de 1 hora, até que a carne de glúten, quando cortada ao meio, esteja completamente cozida (você poderá ver bolhinhas de ar no interior). Retire-a da água e deixe esfriar. (Não descarte a água com os legumes, pois ela será um caldo saboroso e ótimo para sopas, molhos etc.)

Faça a marinada: coloque todos os ingredientes num liquidificador e bata em alta velocidade, até a mistura ficar com a textura de um smoothie. Transfira para uma tigela grande e cubra. Leve à geladeira até a hora de usar.

A RECEITA CONTINUA ➤➤

LEGUMES PARA ESPETAR

Aproximadamente 8 xícaras de cebolas, abobrinhas italianas, berinjelas, pimentões vermelhos, cogumelos, tomates-cereja ou qualquer legume próprio para grelhar, cortados em fatias grossas

Quando o seitan estiver frio o suficiente para manusear, parta com as mãos pedaços que caibam na boca ou maiores e esprema-os bem para remover o excesso de água (isso ajuda a absorver a marinada e deixar a carne supersuculenta). Coloque os pedaços de seitan na marinada. Cubra e deixe na geladeira por pelo menos 24 horas. Você pode manter o seitan na marinada dentro da geladeira por uma semana ou mais, ou congelar por períodos mais longos.

Quando quiser servir os espetinhos, aqueça a churrasqueira. Esse prato requer calor direto ou uma chama para caramelizar a carne de glúten marinada por fora e criar aquelas marcas de grelha que maximizam o sabor. Portanto, se for cozinhar dentro de casa, certifique-se de usar uma grelha no fogão e ligue o fogo no máximo.

Espete a carne de glúten e pedaços de legumes de sua escolha, pincele tudo com a marinada e grelhe por 6 a 10 minutos, virando uma vez, até dourar. Seja paciente; isso fica melhor quando grelhado perfeitamente e caramelizado por fora. Pincele novamente após retirar os espetinhos da grelha. Aproveite!

Variação

Espetinhos sem glúten: você pode desfrutar desse prato mesmo se for celíaco. Em vez da carne de glúten, basta congelar 900 gramas de tofu de consistência média a firme por pelo menos uma semana, até mais (até um ano, se quiser). Costumo manter o tofu congelado para pratos como esse. Você pode congelar o tofu na própria embalagem. Descongele durante a noite e depois esprema delicadamente para retirar toda a água, até que o tofu fique seco e leve. Corte-o em pedaços de cerca de 2,5 cm, marine (substituindo o tamari pelo molho de soja), prepare os espetos e grelhe.

Rocambole de Frango com Alho-poró e Acelga

Serve 6 pessoas

Esta é uma versão sofisticada do spanakopita que combina frango vegano infundido em vinho com verduras aromáticas e queijo. Escolha os queijos que desejar usar e terá uma versão ligeiramente diferente a cada vez. É um prato perfeito para um piquenique ou uma festa, pois pode ser apreciado mesmo em temperatura ambiente.

3 colheres de sopa de azeite

1 alho-poró grande, a parte branca, cortado ao meio no sentido do comprimento, lavado e fatiado

450 gramas de acelga ou couve, sem os talos e cortada em fatias finas

Folhas de 1 maço de endro fresco picadas

Sal marinho e pimenta-do-reino moída na hora

250 gramas de frango vegano em pedaços ou tiras, ou o Frango Suculento Caseiro (p. 202); ou o Frango Assado Saboroso (p. 204)

1 xícara de caldo de galinha vegano

2 colheres de sopa de vinho branco

1 colher de chá de tomilho desidratado

8 folhas de massa filo

½ xícara de azeite de oliva ou manteiga vegana derretida para pincelar na massa filo

120 gramas de queijo vegano comprado em loja, como muçarela ou a Muçarela de Búfala Fácil (p. 227)

100 gramas de queijo vegano com ervas ou alho-poró

Preaqueça o forno a 180 °C.

Em fogo médio, aqueça 2 colheres de sopa de azeite numa frigideira funda, adicione o alho-poró e refogue por cerca de 5 a 6 minutos, até ficar macio. Aumente o fogo para alto, adicione a acelga e refogue por 2 minutos, apenas até murchar. A acelga não precisa ficar completamente macia, apenas levemente murcha (se cozinhar demais, ela ficará encharcada, o que não queremos). Adicione o endro e tempere com sal e pimenta.

Enquanto isso, coloque o frango, o caldo, o vinho, a colher de sopa restante de azeite e o tomilho numa panela pequena e deixe ferver em fogo médio por 10 a 15 minutos, até que o frango absorva a maior parte do líquido.

Prepare a massa filo: cubra com um pano de prato a bancada da cozinha ou uma tábua de cortar. Abra o rolo de massa filo sobre o pano para que fique completamente estendido. Forre uma assadeira com papel-manteiga e disponha uma folha de massa filo sobre ela. Usando um pincel de culinária, pincele levemente azeite de oliva ou manteiga derretida sobre a folha de massa. Coloque outra folha de massa por cima e pincele novamente. Repita até completar as 8 folhas. Guarde o restante para usar em outra receita.

Espalhe a mistura de acelga por toda a massa, deixando uma borda de cerca de 10 cm sem recheio numa das extremidades menores. Em seguida, coloque cuidadosamente o frango no meio da mistura de acelga, desenhando uma faixa larga no sentido do comprimento. Coloque o queijo muçarela e o queijo cremoso por cima do frango; espalhe o queijo cremoso o melhor que puder. Com muito cuidado, enrole o rocambole, começando pela parte mais estreita da massa, até chegar à parte sem recheio, que adicionará algumas camadas extras ao rolo e o tornará mais firme. Pincele com azeite de oliva ou manteiga derretida.

Asse por cerca de 1 hora, até dourar. Corte em fatias e sirva.

CAPÍTULO 5

Volta ao Mundo em Dezoito Pratos

Acho interessante que muitas pessoas me dizem que passaram a explorar mais os alimentos depois que se tornaram veganas. Talvez a ideia de que terão que passar por algumas privações (garanto que não!) faça com que fiquem muito atentas a novas ideias gastronômicas. Sei de uma coisa com certeza: o que mais anima os veganos a viajar é a oportunidade de viver novas experiências culinárias. A primeira coisa que qualquer vegano faz ao chegar numa nova cidade, num novo país, é procurar por restaurantes, barracas de rua, feiras ou cafés que ofereçam os sabores da região sem produtos de origem animal. Felizmente, existem vários aplicativos para nos ajudar nessa busca, onde quer que estejamos. O mais popular deles nos Estados Unidos é o Happy Cow.

Quando viajo ao redor do mundo, fico empolgada em ver quantos restaurantes veganos estão surgindo. Apenas em Tóquio, há mais de duzentos; em Budapeste, fiz uma longa caminhada até uma loja de queijos veganos e, no caminho, passei por pelo menos meia dúzia de restaurantes veganos (sim, tive que entrar para conferir o cardápio ou comprar algo para experimentar, mesmo sem estar com fome!). Até mesmo na Turquia, provei um prato de abobrinha recheada delicioso e suculento, que tentei replicar aqui com a adição mais tradicional de carne (vegana, é claro). E certamente no meu lugar favorito de todos, a Itália, a comida vegana pode ser encontrada em todos os lugares.

Neste capítulo, vamos descobrir algumas das minhas descobertas favoritas ao redor do mundo – Itália, Vietnã, Grécia, China e até mesmo alguns lugares onde ainda não estive, mas ouvi contar. Com as novas alternativas à carne, nunca foi tão fácil criar versões veganas de pratos tradicionais.

Karê de Carne (conhecido como Arroz com Curry)

Serve de 6 a 8 pessoas

O arroz com curry é para os japoneses o que o macarrão com queijo é para os norte-americanos. É a *comfort food* nipônica, amada por todas as idades, crianças e adultos. Há uma infinidade de restaurantes que servem esse prato, e você pode comê-lo com carne bovina, frango, porco e até mesmo porco frito ("katsu curry"). Esse prato não é indiano, tailandês nem qualquer coisa remotamente parecida com as cozinhas de origem do curry, mas, sim, uma adaptação japonesa que se assemelha a um molho com legumes e pedaços de carne. Você pode deixá-lo tão picante quanto desejar ou mantê-lo suave – de qualquer modo, é um equilíbrio entre o picante e o doce, que geralmente vem das maçãs. A chave está em usar o curry em pó ao estilo japonês, que você encontra em lojas de produtos orientais, na seção de produtos orientais de supermercados grandes e na internet. No Japão, as pessoas compram um *roux* em caixa com sabor de curry, que derrete e engrossa num caldeirão de legumes cozidos, mas é igualmente fácil fazer isso em casa e tem muito menos ingredientes impronunciáveis. Devo admitir que, às vezes, me dá vontade de comer arroz com curry.

Se você quiser um prato duplamente reconfortante, experimente fazer esta receita sem a carne vegana; em vez dela, coloque por cima uma fatia de Tonkatsu, Costeletas de Porco Fritas Japonesas (p. 62). Então se tornará o que é conhecido como "katsu-karei", que é substancioso, saboroso e muito satisfatório.

6 colheres de sopa de óleo neutro, como o de girassol, canola, abacate ou semente de uva, divididas, mais um pouco, se necessário, para cozinhar a carne

2 cebolas amarelas ou brancas picadas

Sal marinho

250 gramas de champignons ou cogumelos cremini fatiados

4 xícaras de caldo de carne vegano ou caldo de legumes caseiro

1 maçã grande, sem sementes e cortada em pedaços (não precisa descascar)

3 colheres de sopa de curry em pó ao estilo japonês (às vezes chamado de Oriental Curry Powder) – o estilo de curry em pó é importante

2 colheres de sopa de molho de soja ou tamari

2 colheres de sopa de extrato de tomate

3 dentes de alho descascados

350 gramas de batatas pequenas, inteiras, ou batatas grandes e firmes, cortadas em cubos de 4 cm

250 gramas de cenouras, fatiadas em espessura de 1,5 cm, ou cenouras baby inteiras

350 gramas de carne vegana em pedaços ou tiras, ou Bife Suculento Grelhado na Brasa (p. 180), cortado em pedaços de 2,5 cm

½ xícara de farinha de trigo

Aproximadamente 8 xícaras (ou mais) de arroz branco ou integral de grão médio ou curto, cozido

Numa panela grande, aqueça 2 colheres de sopa de óleo em fogo médio-baixo. Adicione as cebolas e uma pitada generosa de sal e deixe-as refogar, com a panela tampada, por cerca de 7 minutos, até ficarem macias. Adicione os cogumelos e frite-os por mais 3 a 4 minutos, até que fiquem macios.

Enquanto isso, num liquidificador, misture o caldo, pedaços de maçã, curry em pó, molho de soja, extrato de tomate e alho e bata até obter um purê. Adicione essa mistura à panela e, em seguida, acrescente as batatas e as cenouras. Tampe parcialmente e deixe ferver; cozinhe em fogo médio-baixo por 10 a 15 minutos, até que os legumes estejam macios.

Enquanto a base de curry cozinha, prepare a carne, siga as instruções da embalagem para saber se deve ser refogado antes de adicionar ao prato. Se for o caso, adicione uma colher de sopa de óleo numa frigideira e frite até dourar.

A chave para engrossar o curry é o roux. Agora é hora de fazê-lo. Aqueça as 4 colheres de sopa restantes de óleo numa panela pequena. Adicione a farinha e mexa com uma colher de pau, por 4 a 5 minutos, até que a farinha fique um pouco mais clara. Adicione o roux à panela com os legumes e mexa até que o molho fique espesso. Acrescente a carne e aqueça rapidamente. Sirva com bastante arroz.

Este prato pode ser mantido na geladeira por até 4 dias ou congelado por 3 meses.

Variação

Arroz com Curry sem Óleo: refogue as cebolas com um pouco de água, com a panela tampada, até ficarem macias. Para engrossar o curry, em vez do roux com óleo e farinha, polvilhe cerca de ½ xícara de farinha de batata (não amido de batata) na panela e mexa até dissolver e engrossar; se quiser que ele fique mais espesso, adicione mais.

Sukiyaki

Esta receita é basicamente a mãe dos pratos de uma panela só, com centenas de anos de história no Japão, e é tão popular hoje quanto sempre foi. Tudo de que você precisa é de uma tigela de arroz para acompanhar os suculentos ingredientes retirados da panela de fervura. Por tradição, é um prato comunitário: um fogareiro é colocado sobre a mesa com uma ampla panela de cerâmica em cima. Primeiro, a "carne" é selada para dourar. Em seguida, os outros ingredientes são adicionados em pequenas pilhas organizadas: tofu, berinjela, verduras, cogumelos e macarrão shirataki (o máximo que couber na panela, com um molho feito de açúcar, saquê mirin e molho de soja despejado sobre eles). O conteúdo da panela começa a ferver, os ingredientes absorvem o sabor do molho enquanto cozinham, e os comensais repõem os ingredientes na panela de fervura à medida que comem. Mas a verdadeira estrela do prato é o shirataki, macarrão feito de konjac, uma raiz fibrosa. O incrível sobre o macarrão shirataki é que ele praticamente não tem calorias! Também absorve os sucos enquanto cozinha e fica delicioso.

As quantidades para todos os ingredientes, exceto as cebolinhas verdes, são bastante flexíveis. Adicione mais ou menos ou use vegetais diferentes dos que sugeri.

SUKIYAKI

1 colher de sopa de óleo neutro, como o de girassol, canola, abacate ou semente de uva

250 a 350 gramas de carne vegana em fatias ou pedaços, ou Bife Suculento Grelhado na Brasa (p. 180)

450 gramas de macarrão shirataki escorrido e lavado

340 gramas de tofu de consistência firme, cortado em fatias de 1 cm de espessura

170 gramas de cogumelos shitake frescos ou shimeji, cortados ou rasgados ao meio (3 xícaras)

2 berinjelas japonesas ou italianas, fatiadas em espessura de 1,5 cm

½ acelga-chinesa cortada em pedaços grandes

Prepare o sukiyaki: numa frigideira grande e funda, aqueça o óleo em fogo médio e adicione a carne, fritando por cerca de 3 minutos, até dourar levemente. Enquanto a carne está no fogo, corte o shirataki grosseiramente, apenas três ou quatro vezes (o macarrão é muito longo e será difícil comê-lo se não for cortado). Empurre a carne para um lado da panela e adicione o tofu numa pilha organizada ao lado da carne; em seguida, coloque os cogumelos, a berinjela, o macarrão shirataki e um pouco da couve, tudo em pilhas organizadas (o máximo que couber; e você pode adicionar mais depois).

Prepare o molho de cozimento e finalize o prato: numa tigela pequena, misture o molho de soja, o saquê mirin e o açúcar e despeje sobre os ingredientes na panela e deixe ferver por 4 a 5 minutos, até que os legumes reduzam de tamanho. Eles vão liberar seus sucos e diluir o molho para que fique não apenas abundante na panela, mas com equilíbrio perfeito entre o doce e o salgado. Adicione as cebolinhas verdes, cubra novamente e deixe cozinhar por mais 1 a 2 minutos, até que as cebolinhas e a couve estejam

4 maços de cebolinha-verde (partes branca e verde) cortados em pedaços de 7,5 cm

1 colher de sopa de gengibre ralado (não é tradicional, mas fica bom)

MOLHO DO COZIMENTO

½ xícara de molho de soja

½ xícara de saquê mirin (ver o Glossário)

¼ de xícara de açúcar

Arroz cozido para servir

macias. Adicione o gengibre e mexa só um pouco para não desfazer as pilhas que você fez com tanto cuidado.

Sirva com arroz. Deixe um pouco de molho na panela e coloque mais legumes e macarrão para ferver, para que as pessoas possam repetir. Itadakimasu! ("Vamos comer!", em japonês.)

Bolinhos de Frango e Arroz com Gai Lan e Shitake

Serve 4 pessoas

Muito servidos em lares chineses e coreanos no Ano-Novo para simbolizar riqueza e sucesso, os bolinhos de arroz em forma de moeda são deliciosos "macarrons" de arroz, ótimos para um refogado rápido. Minha versão, que não é autêntica de nenhuma região específica, mas é inspirada em versões deliciosas encontradas em restaurantes chineses, combina shitakes robustos, boa quantidade de verduras e a textura do frango vegano. Procure os bolos de arroz e o gai lan (brócolis chinês) num mercado oriental bem abastecido e, se possível, deixe os bolinhos de arroz de molho por uma hora antes de cozinhar (eles vão cozinhar de maneira mais uniforme dessa maneira). Além disso, se as instruções do frango indicarem que ele deve ser cozido congelado, deixe-o em temperatura ambiente tempo suficiente para que possa ser cortado com uma faca grande antes de cozinhar. Acrescente uma colher de sopa de molho de alho e pimenta ao servir, se apreciar um sabor mais picante.

Conheça os animais

Temos uma galinha chamada Gilligan que começou a vida num mercado de animais em Chinatown, em São Francisco. Uma adolescente que estava visitando a cidade viu que ela estava à venda, ficou horrorizada e comprou-a para salvá-la. No entanto, a mãe não permitiu que ela ficasse com a galinha, por isso Gilligan veio morar no Rancho Compasión. Descobrimos que estava bem doente, então a criamos dentro de casa nos primeiros meses enquanto a tratávamos. Ela adorava se empoleirar na cabeça das pessoas (sim, colocamos fraldas de galinha nela!) ou nos ombros e seguia os cachorros pela casa. Ficamos preocupados pensando se ela conseguiria se adaptar ao bando, mas quando finalmente a apresentamos ela se entrosou muito bem. Pelo visto, é uma galinha muito atraente, pois se tornou uma favorita imediata de alguns galos, que vivem disputando sua atenção.

¼ de xícara de água fria

2 colheres de sopa de vinagre preto chinês (ver o Glossário)

1 colher de sopa de molho de soja

1 colher de sopa de gengibre fresco ralado

2 colheres de chá de amido de milho

1 dente de alho grande ralado

1 colher de chá de óleo de gergelim torrado

4 colheres de sopa de óleo neutro, como de girassol, canola, abacate ou semente de uva

450 gramas de gai lan (ou outro vegetal verde folhoso asiático semelhante, como o bok choy) cortado ao meio no sentido transversal para separar os talos das folhas; talos cortados diagonalmente em rodelas de 6 mm; folhas cortadas em tiras de 1,5 cm

230 gramas de cogumelos shitake frescos, sem os talos, cortados em fatias de 6 mm

280 gramas de peito de frango vegano ou o Frango Suculento Caseiro (p. 202); ou o Frango Assado Saboroso (p. 204), cortado em tiras de 1,5 cm

450 gramas de bolinhos de arroz coreanos frescos (tteok) [cerca de 4 xícaras], embebedados em água fria por 1 hora e depois escorridos

¼ de xícara de caldo de legumes ou água

1 colher de sopa de molho de alho e pimenta (opcional)

Numa tigela pequena, misture a água, o vinagre preto chinês, o molho de soja, o gengibre ralado, o amido de milho, o alho e o óleo de gergelim e reserve.

Num wok ou numa frigideira grande antiaderente, aqueça 2 colheres de sopa de óleo em fogo alto. Adicione os talos do gai lan e frite por 1 minuto, mexendo com frequência em seguida, adicione os cogumelos e frite por cerca de mais 3 minutos, até ficarem levemente dourados e murchos. Transfira os legumes para uma tigela grande e reserve. Adicione as outras 2 colheres de sopa de óleo na frigideira, espalhe as tiras de frango e frite por 2 minutos, sem mexer, até dourar bem. Frite por mais 2 minutos, mexendo de vez em quando, e depois transfira para a tigela com os legumes.

Adicione os bolinhos de arroz e o caldo à frigideira e mexa de vez em quando, até que quase todo o líquido tenha evaporado, cerca de 5 minutos. Junte a mistura de vinagre e mexa bem, para envolver todos os bolinhos de arroz; em seguida, adicione o frango, os legumes e as folhas de gai lan. Reduza o fogo e cozinhe por mais 1 minuto, até que o molho engrosse e as folhas murchem. Se desejar, adicione molho de alho e pimenta. Sirva bem quente.

Porco Char Siu

Já provei versões deste prato em restaurantes veganos chineses e queria ser capaz de fazê-lo em casa. O tender vegano é uma receita que funciona perfeitamente, absorvendo parte desse molho agridoce. Char siu é basicamente uma versão chinesa versátil da carne de porco assada, com os sabores complexos de cinco especiarias. Pode ser o prato principal servido com arroz, lámen ou outro macarrão, ou cortado em fatias finas e preparado com a técnica oriental *stir-fry*.[6] Além disso, pode ser servido antes de uma refeição inspirada na culinária oriental como aperitivo saboroso ou usado como recheio delicioso para guiozas, rolinhos primavera e até sanduíches ou pãezinhos de carne suína.

¼ de xícara de xarope de bordo ou açúcar

3 colheres de sopa de molho hoisin

2 colheres de sopa de molho de soja ou tamari

2 colheres de sopa de vinho de arroz Shaoxing ou saquê japonês

2 colheres de chá de óleo de gergelim torrado

¾ colheres de chá de cinco especiarias chinesas em pó

½ colher de chá de pimenta-do-reino branca moída na hora

6 dentes de alho descascados

2 fatias finas de beterraba para dar cor (opcional)

Óleo neutro para a panela

700 gramas de tender vegano cru (p. 191; ver a Observação)

4 tigelas cheias de arroz cozido ou macarrão lámen

Num liquidificador, misture o xarope de bordo, o molho hoisin, o molho de soja, o vinho de arroz, o óleo de gergelim, as cinco especiarias chinesas em pó, a pimenta-do-reino branca, o alho e a beterraba e bata até ficar homogêneo. Se você não fizer questão da cor vermelha, esqueça a beterraba, pique bem o alho e misture todos os ingredientes numa tigela.

Preaqueça o forno a 150 °C. Unte levemente uma assadeira quadrada de 22 cm aproximadamente. Despeje o molho na assadeira preparada e coloque o porco cru nele. Vire o porco para envolvê-lo com o molho. Cubra com papel-alumínio e asse por cerca de 1 hora e meia; continue virando o porco a cada 30 minutos, para que a carne absorva a maior parte do molho.

Fatie e sirva com arroz ou macarrão.

Observação: Você também pode fazer esta receita com tender vegano cozido. Para isso, preaqueça o forno a 180°C. Coloque a carne e o molho numa assadeira untada e certifique-se de que ela está completamente envolvida pelo molho. Cubra com papel-alumínio e asse por cerca de 1 hora, virando a cada 20 minutos.

---

[6] Técnica da culinária asiática que consiste em fritar pequenos pedaços de alimentos numa panela wok, geralmente com um pouco de óleo e mexendo constantemente. (N. da T.)

Tantanmen de Missô Apimentado com Carne e Berinjela

Serve 6 pessoas

Esta é uma versão do dandan men (na culinária chinesa) ou tantanmen (na culinária japonesa). Existem tantas variações desse prato que decidi criar o meu próprio. Embora a receita original peça carne de porco moída, não é fácil encontrar carne de porco na versão vegana, então substituí por carne moída vegana comum. Para tornar a carne o mais suculenta e deliciosa possível, cozinhei-a com berinjela e molho missô picante. Por fim, finalizei tudo com um molho picante de gergelim, misturado com vegetais em conserva. Tudo o que posso dizer é "delicioso".

BERINJELA E CARNE

2 colheres de sopa de óleo de amendoim, girassol ou canola

450 gramas de berinjela, de preferência japonesa, cortada em cubos de 1,5 cm

250 gramas de carne vegana ou Carne Moída de Nozes e Cogumelos sem Glúten e sem Óleo (p. 187); ou Carne Moída "Crua" Caseira (p. 185)

¼ de xícara de missô branco ou de grão-de-bico

¼ de xícara de saquê mirin (ver o Glossário)

¼ de xícara de água

1 colher de sopa de molho de alho e pimenta

1 colher de sopa de alho picado

1 colher de sopa de óleo de gergelim torrado

1 colher de chá de amido de milho

MACARRÃO E CALDO

450 gramas de lámen fresco sem ovos ou outro macarrão ao estilo oriental (sério, quase qualquer macarrão serve), ou 350 gramas de lámen seco ou outro macarrão oriental, ou 6 pacotes de lámen

6 xícaras de caldo de galinha vegano

120 gramas de cogumelos shitake frescos fatiados (2 xícaras)

2 colheres de sopa de molho de soja ou tamari

Comece preparando a berinjela e a carne: aqueça o óleo de amendoim numa frigideira em fogo médio e adicione a berinjela. Tampe a panela para produzir vapor e cozinhar mais rápido, assim a berinjela absorve menos óleo. Mexa de vez em quando, de 4 a 6 minutos, até que a berinjela esteja macia e um pouco dourada. Adicione a carne e continue fritando por mais 3 ou 4 minutos (se forem pedaços pré-cozidos, basta aquecer). Numa tigela ou copo medidor, misture o missô, o saquê mirin, a água, o molho de alho e pimenta, o alho, o óleo de gergelim e o amido de milho e misture bem para dissolver. Despeje isso sobre a berinjela e a carne e cozinhe por mais 1 minuto, até ficar levemente espesso.

Enquanto a berinjela estiver fritando, coloque uma panela grande de água para cozinhar o macarrão. Quando a água começar a ferver, cozinhe o macarrão de acordo com as instruções da embalagem, até ficar *al dente*, e, em seguida, escorra numa peneira e passe em água fria para interromper o processo de cozimento. Reserve.

Agora, comece a fazer o molho (você pode fazer isso enquanto a água do macarrão começa a ferver): misture a pasta de gergelim, o óleo de pimenta, o molho de soja, o açúcar, o vinagre e o alho numa tigela média. Se a pasta de gergelim estiver muito espessa, você pode batê-la no liquidificador. Adicione os grãos de pimenta e os vegetais em conserva.

A RECEITA CONTINUA ➤➤

450 gramas de gai lan cortado em quatro no sentido do comprimento

4 cebolinhas (partes brancas e verdes) cortadas em fatias finas

MOLHO DE GERGELIM PICANTE

½ xícara de pasta de gergelim chinesa (não substitua por tahini; ver as Observações)

¼ a ½ xícara de óleo de pimenta ou pasta de pimenta (comece com menos, pois você sempre pode adicionar mais!)

¼ de xícara de molho de soja ou tamari

3 colheres de sopa de açúcar

2 colheres de sopa de vinagre chinês preto ou vinagre de xerez

2 colheres de sopa de alho picado

1 colher de sopa de grãos de pimenta-de--sichuan (opcional, ver as Observações)

½ xícara de vegetais em conserva chineses picados grosseiramente (veja as Observações)

Na mesma panela em que cozinhou o macarrão, adicione o caldo de galinha, os cogumelos fatiados e o molho de soja. Deixe ferver em fogo baixo e, em seguida, adicione o gai lan e cozinhe por cerca de 2 minutos, até que esteja macio. Usando pegadores ou uma escumadeira, remova o gai lan para um prato e reserve.

Adicione o macarrão ao caldo para reaquecer. Usando pegadores, divida o macarrão entre seis tigelas e despeje de ½ a 1 xícara de caldo em cada tigela. Cubra o macarrão com o gai lan, a berinjela e a carne; em seguida, despeje ½ xícara de molho picante de gergelim por cima e complete com as cebolinhas fatiadas. Sirva em seguida.

Observações: a pasta de gergelim chinesa é muito diferente do tahini, pois é feita com sementes de gergelim torradas inteiras, enquanto o tahini é feito com sementes cruas e descascadas; por isso os sabores são muito diferentes. Se substituir a pasta de gergelim pelo tahini, você terá outro molho. A pimenta-de-sichuan é muito aromática e deliciosa, mas você não precisa colocá-la se não conseguir encontrá-la.

Os vegetais chineses em conserva são talos de mostarda ou rabanete com sal e pasta de pimenta. Podem ser salgados, picantes e azedos, resultado das bactérias de ácido lático produzidas durante o processo de fermentação. Estão disponíveis na internet ou em mercearias de produtos orientais, enlatados ou a granel.

Tigela de Arroz com Espetinhos de Carne ao Capim-Limão e MolhoNuoc Cham de Açafrão-da-Terra

Serve 4 pessoas

Não se deixe enganar pela lista de ingredientes um pouco longa; esta é uma tigela de arroz de inspiração vietnamita que fica pronta no tempo de cozimento do arroz. Comece cozinhando o arroz, depois refogue o capim-limão, o gengibre, o alho e as chalotas numa frigideira, até ficarem perfumados, e transforme tudo isso num molho brilhante, inspirado no tradicional nuoc cham vietnamita. Coloque o molho sobre o arroz e os vegetais e cubra com os espetinhos de carne. A chave aqui é o capim-limão. No Vietnã, onde tive o prazer de fazer algumas aulas de culinária, os *chefs* amassam o capim-limão numa tábua usando o cabo de uma faca ou com uma pedra de rio, em vez de cortá-lo. Depois de amassado, eles o picam rapidamente e adicionam uma quantidade impressionante numa grande variedade de pratos. (Observação: na verdade, é muito fácil viajar no Vietnã como vegano. O veganismo está em ascensão ali, que também é um país budista, por isso muitas pessoas são veganas pelo menos duas vezes por mês, na lua cheia e na lua nova. E existem muitos restaurantes veganos!) De qualquer forma, se você quiser arrasar, use capim-limão.

Coloco a carne dourada em espetinhos para fazer uma apresentação divertida, mas você também pode dispensá-los. No verão, experimente fazer esse prato com macarrão de arroz frio em vez do arroz. Para um toque extra, você pode guarnecer com amendoim picado e as cebolas verdes fritas do Pad Thai Apimentado com Frango (p. 155).

1½ xícara mais 1 colher de sopa de óleo neutro, como o de girassol, canola, abacate ou semente de uva

1 chalota grande bem picada

⅓ de xícara de rodelas de capim-limão de 6 mm (cortadas do miolo macio de 2 ou 3 talos de capim-limão)

2 colheres de sopa de gengibre fresco ralado e descascado

3 dentes de alho ralados

½ xícara de água

Numa frigideira grande (de 25 cm ou maior), aqueça 1 colher de sopa de óleo em fogo médio. Refogue as chalotas de 2 a 3 minutos, mexendo de vez em quando, até ficarem macias e ligeiramente douradas. Adicione o capim-limão, o gengibre e o alho e cozinhe por mais 1 minuto, mexendo constantemente. Transfira a mistura para um liquidificador ou processador de alimentos, adicione ¼ de xícara de água, ¼ de xícara de suco de limão, o molho de peixe, 1 colher de chá de açúcar, o sal, a cúrcuma e a sriracha. (Você pode lavar a frigideira e reservá-la para cozinhar a carne.) Bata o molho por 2 a 3 minutos, raspando as laterais do liquidificador, se necessário, até que todo o capim-limão esteja bem picado, e o molho, homogêneo. Transfira ¼ de xícara da mistura de capim-limão para uma tigela grande e reserve; transfira o molho restante para um copo

A RECEITA CONTINUA ➤➤

¼ de xícara mais 1 colher de sopa de suco de limão (de 3 limões grandes), mais 1 limão cortado em 8 gomos

2 colheres de sopa de molho de peixe vegano (ver o Glossário)

2 colheres de chá de açúcar, divididas

¾ de colher de chá de sal kosher, mais um pouco a gosto

½ colher de chá de açafrão-da-terra em pó

½ colher de chá a 1 colher de sopa de molho sriracha (ou outro molho de pimenta e alho), a gosto

1 pimenta tailandesa vermelha cortada em fatias finas (opcional)

450 a 500 gramas de carne vegana crua em pedaços, congelada; ou Filé Mignon Marinado Macio (p. 182), pré-marinada ou não

Pimenta-do-reino moída na hora

1 xícara de farinha de arroz branco

4 a 6 xícaras de arroz jasmim cozido, ou a quantidade desejada para servir

1 pepino cortado ao meio no sentido do comprimento, sem as sementes, cortado em fatias de 6 mm na diagonal

1 cenoura grande descascada e ralada

Folhas de 4 ramos de coentro fresco

Folhas de 4 ramos de hortelã fresca

Folhas de 4 ramos de manjericão tailandês fresco

2 cebolinhas, partes branca e verde, cortadas em fatias finas

medidor. Nele, adicione a colher de sopa restante de suco de limão e 1 colher de chá de açúcar, a pimenta fatiada e o restante da água, mexa para misturar e reserve.

Aqueça a frigideira em fogo médio-alto. Adicione o óleo restante (1½ xícara) e deixe aquecer até atingir 190 °C. Enquanto isso, adicione a carne à tigela com a mistura de capim-limão, mexendo para envolver cada pedaço de carne completamente com o molho amarelo (luvas são ótimas aqui), e tempere com sal e pimenta. Coloque a farinha de arroz numa tigela pequena e passe cada pedaço de carne na farinha, certificando-se de que esteja completamente empanado. Transfira para um prato e repita o processo com todos os pedaços de carne.

Quando o óleo estiver quente, coloque cuidadosamente a carne ao óleo, tirando qualquer excesso de farinha antes. (A frigideira ficará cheia, mas, nesse caso, tudo bem.) Frite a carne por 5 minutos, vire e frite por mais 3 minutos, ou até que todos os pedaços estejam crocantes e dourados. Usando uma escumadeira, transfira a carne para um prato forrado com papel-toalha. Esprema meio limão sobre a carne. Divida a carne em oito espetinhos curtos (15 cm).

Coloque 1 a 1½ xícara de arroz em cada uma das quatro tigelas largas e rasas. Junte um pouco do pepino e de cenoura ao lado do arroz; em seguida, rasgue folhas de coentro, hortelã e manjericão e distribua nas tigelas. Adicione 2 espetinhos de carne em cada tigela, guarneça com as cebolinhas verdes e pedaços de limão. Sirva o molho separadamente para que cada pessoa adicione ao seu gosto.

Variação

Carne ao Capim-limão na Air-Fryer: se você quiser evitar a fritura em óleo e tiver uma *Air-Fryer*, a carne pode ser preparada ali depois de envolvida na farinha de arroz. Frite por cerca de 10 minutos na temperatura mais alta para deixá-la bem crocante.

Pad Thai Apimentado com Frango

Serve 4 pessoas

Hora de fazer uma confissão vegana. Algumas décadas (ou mais) atrás, antes de a comida tailandesa ser tão comum, lembro-me de frequentar um restaurante tailandês raro e humilde e devorar um pad thai (sem os ovos). Eu não sabia (e meus amigos veganos também não) que o sabor acentuado e repleto de umami da comida tailandesa normalmente vinha do molho de peixe fermentado. Quando descobrimos, na hora nos perguntamos se ainda éramos veganos. De qualquer forma, na visita seguinte, pedimos que não colocassem o molho de peixe. De repente, o pad thai, embora ainda saboroso, ficou um pouco sem graça.

Você não vai achar esta versão sem graça: é o clássico prato de macarrão feito com frango vegano grelhado, tofu de açafrão no lugar dos ovos, um toque de gengibre e cebolas fritas crocantes por cima. É uma homenagem a alguns dos melhores pad thais que comi na vida antes de saber do molho de peixe.

Felizmente, hoje existem várias opções de molho de peixe vegano e, se você não o encontrar, pode fazer o próprio molho, seguindo minha receita publicada no livro *The Homemade Vegan Pantry*. Se usar um peito de frango vegano que precise ser cozido ainda congelado, retire-o do freezer cerca de 1 hora antes, para que seja possível fatiá-lo.

MACARRÃO

6 a 8 xícaras de água fervente

250 gramas de macarrão de arroz grosso ou fettuccine de arroz (às vezes você encontra no rótulo: "para pad thai")

300 gramas de frango vegano comprado em loja, o peito ou tiras, ou o Frango Suculento Caseiro (p. 202); ou o Frango Assado Saboroso (p. 204), cortado em tiras de 1,5 cm

120 gramas de tofu de consistência média-firme

¼ de colher de chá de açafrão-da-terra em pó

1 xícara de brotos de feijão-mungo

Despeje a água fervente numa tigela. Deixe o macarrão de molho na água por 4 a 5 minutos, até começar a amolecer. (Deixar o macarrão de molho ajuda a evitar que ele fique mole depois. Ele ficará *al dente*, o que é bom, pois o cozimento terminará no final.) Escorra e reserve.

Enquanto isso, faça o molho: numa tigela pequena, misture o molho de peixe com a água, o suco de limão, o gengibre, o açúcar, o molho de soja, o sriracha e o alho, até que o açúcar esteja dissolvido. Reserve.

Refogue as chalotas: numa panela pequena, misture as chalotas e o óleo e leve ao fogo médio-alto. Refogue por 6 a 8 minutos, mexendo de vez em quando, até que as chalotas fiquem crocantes e douradas. Usando uma escumadeira, transfira as chalotas para um prato forrado com papel-toalha para escorrer e reserve, mantendo o óleo na frigideira.

A RECEITA CONTINUA ➤

5 cebolinhas (partes branca e verde-clara) cortadas em fatias finas

½ xícara de amendoins torrados e salgados, grosseiramente picados

¼ de xícara de coentro fresco picado grosseiramente

MOLHO

2 colheres de sopa de molho de peixe vegano (ver o Glossário)

½ xícara de água

2 colheres de sopa de suco de limão

1 colher de sopa de gengibre fresco ralado

2 colheres de chá de açúcar

2 colheres de chá de molho de soja ou tamari

2 colheres de chá de sriracha (ou outro molho de pimenta com alho), mais para servir

1 dente de alho ralado

COBERTURA DE CHALOTA

1 chalota grande, separada em camadas, cada uma delas fatiada em anéis de 3 mm

½ xícara de óleo neutro, como o de girassol, canola, abacate ou semente de uva

1 limão cortado em gomos

Aqueça um wok ou uma frigideira grande antiaderente em fogo médio-alto. Adicione 2 colheres de sopa do óleo de chalota reservado; em seguida, adicione o frango e frite por cerca de 3 minutos, sem mexer, até dourar bem. Frite por mais 2 minutos, mexendo sem parar para dourar todos os lados; em seguida, transfira para uma tigela grande e reserve.

Numa tigela pequena, use um garfo para amassar o tofu com o açafrão. Aqueça mais 1 colher de sopa do óleo de chalota reservado e cozinhe a mistura de tofu por 1 minuto, mexendo com frequência. Adicione os brotos de feijão, mexa por mais um instante para amaciá-los e empilhe toda a mistura na tigela grande em cima do frango.

Adicione o macarrão e o molho na frigideira, misturando tudo com pinças, até que o macarrão esteja envolvido pelo molho, e o líquido tenha praticamente secado. Junte a mistura de frango, cebolinhas, metade dos amendoins e metade do coentro e misture bem. Sirva quente, coberto com as chalotas fritas e os amendoins e coentro restantes. Sirva com gomos de limão e mais sriracha se gostar de sabor mais picante.

Frango Indiano com Manteiga para Iniciantes

Serve 4 pessoas

Não posso dizer que sou especialista em culinária indiana, mas se você está como eu, sentindo um pouco de apreensão com a ideia de mergulhar nesse mundo, saiba que este frango com manteiga é a melhor maneira de começar. Levemente picante, porém bastante amigável, sua cremosidade vem do leite de coco e da manteiga vegana. Gosto de prepará-lo usando ingredientes básicos e legumes, o que significa que é uma boa opção para o fim de uma semana agitada, especialmente se você tiver frango vegano no freezer. Você pode incrementar a receita com ervas frescas (como coentro), se quiser, mas gosto do jeito que é: uma maneira reconfortante e saborosa de encerrar uma semana agitada. Sirva com bastante arroz basmati, branco ou integral, à sua escolha.

1 colher de sopa de óleo de coco

1 cebola amarela picada

3 dentes de alho bem picados

1 colher de sopa de gengibre fresco, descascado e picado

1 colher de chá de cominho em pó

1 colher de chá de coentro em pó

½ colher de chá de açafrão em pó

½ colher de chá de cardamomo em pó

½ colher de chá de canela em pó

½ colher de chá de pimenta vermelha em flocos

1 xícara de caldo de legumes

2 frascos (400 ml) de leite de coco integral

1 lata (400 ml) de molho de tomate

2 batatas russet (cerca de 35 gramas) descascadas e cortadas em pedaços de 2,5 cm

2 cenouras grandes cortadas em rodelas de 1 cm

Sal kosher e pimenta-do-reino moída na hora

300 gramas de frango vegano comprado pronto ou o Frango Suculento Caseiro (p. 202); ou Frango Assado Saboroso (p. 204), cortado em pedaços de 2,5 cm

4 colheres de sopa de manteiga vegana

Arroz branco cozido para servir

Aqueça uma frigideira grande com borda alta em fogo médio. Adicione o óleo e refogue as cebolas por cerca de 3 minutos, mexendo de vez em quando, até que comecem a amolecer. Adicione o alho e o gengibre e frite por mais 1 minuto, mexendo sem parar. Acrescente o cominho, o coentro, o açafrão, o cardamomo, a canela e a pimenta vermelha em flocos e frite por mais 30 segundos, até que as especiarias envolvam as cebolas e grudem no fundo da frigideira. Junte o caldo de legumes e raspe o fundo da panela para soltar as especiarias; em seguida, misture o leite de coco e o molho de tomate e adicione as batatas e as cenouras. Tempere com sal e pimenta. Espere ferver e reduza o fogo para o mínimo, tampe e cozinhe por 25 a 30 minutos, até que as batatas e as cenouras estejam macias. Adicione o frango e cozinhe, tampado, por mais 5 minutos. Retire do fogo, tempere com sal e pimenta a gosto, acrescente a manteiga em pedaços pequenos e mexa até que derreta. Sirva sobre o arroz.

Berinjela Recheada Persa com Carne Temperada e Nozes

Serve 6 pessoas

Uma vez, tive uma ovelhinha chamada Canela que me seguia para onde quer que eu fosse. Hoje ela não é mais um filhote e já não me segue mais; prefere ficar com as amigas, essa adolescente danada. É uma jovem temperamental agora, e de jeito nenhum eu pensaria em comê-la (ou aos amigos dela), mas me inspirei nela e na culinária persa para criar um prato de berinjela recheada, repleto de especiarias (uma leva o nome dela). Embora o prato persa tradicional seja feito com cordeiro, substituí por carne moída vegana, que é mais fácil de encontrar. A quem dedico esse prato saboroso? À Canela, é claro!

3 berinjelas médias cortadas ao meio no sentido do comprimento

2 colheres de sopa de azeite, mais um pouco para pincelar as berinjelas

1 xícara de nozes bem picadas (picadas à mão ou processadas num processador de alimentos)

1 cebola amarela ou branca grande cortada em cubos

1 pimentão vermelho cortado em cubos

6 dentes de alho picados

250 gramas de carne vegana "crua" comprada pronta ou Carne Moída "Crua" Caseira (p. 185)

1 colher de sopa de molho de soja, tamari ou Aminoácidos Líquidos Bragg (ver o Glossário)

2 colheres de chá de páprica defumada picante

1½ colher de chá de cominho em pó

1 colher de chá de pimenta-da-jamaica em pó

1 colher de chá de gengibre em pó ou 1 colher de sopa de gengibre fresco ralado

½ colher de chá de canela em pó

Pimenta-do-reino moída na hora

Preaqueça o forno a 180 °C.

Com uma faca afiada, faça cortes cruzados nas metades das berinjelas. Coloque-as numa assadeira, com o lado cortado para cima, e pincele levemente com azeite (cerca de 1 colher de sopa; é mais fácil se você apenas molhar os dedos no azeite e esfregar na berinjela). Asse por cerca de 30 minutos, até ficarem macias.

Enquanto as berinjelas estão assando, torre ½ xícara das nozes (reserve a ½ xícara restante para cobrir as berinjelas). Coloque as nozes numa assadeira pequena e leve ao forno por cerca de 8 minutos, até ficarem levemente douradas.

Retire as berinjelas do forno e deixe esfriar um pouco (você pode colocá-las na geladeira ou no freezer por alguns minutos, se quiser, ou até prepará-las no dia anterior). Depois de frias o suficiente para manusear, retire a polpa das metades de berinjela, tendo cuidado para deixar a casca intacta. Pique a polpa raspada e reserve.

Enquanto isso, aqueça 2 colheres de sopa de azeite numa frigideira, junte a cebola, o pimentão e o alho e refogue por cerca de 5 minutos, até ficarem macios. Adicione a carne, a berinjela picada, o molho de soja, a páprica defumada, o cominho, a pimenta-da-jamaica, o gengibre e a canela. Cozinhe por 4 a 5 minutos, até que a carne não pareça mais crua (não é necessário cozinhar completamente, pois ela continuará a cozinhar no forno). Acrescente as nozes torradas, misture bem e tempere com pimenta-do-reino.

Recheie as metades de berinjela com essa mistura e cubra com a ½ xícara restante de nozes. Asse por cerca de 30 minutos, até ficarem lindamente douradas.

Abobrinha Turca Recheada com Carne e Arroz

Serve 8 pessoas

Pratos de abobrinha recheada são comuns no Oriente Médio, mas este, levemente baseado no etli kabak dolmasi da Turquia, é realçado com hortelã fresca e canela. Tem uma bela apresentação e é leve, perfumado e delicioso.

8 abobrinhas médias, de preferência as mais cheias

250 gramas de tomates maduros frescos ou 1 lata (400 gramas) de tomates em cubos

1 cebola amarela ou branca

6 dentes de alho picados

2 colheres de sopa de azeite

Sal marinho

½ xícara de arroz branco de grão médio ou curto, deixado de molho em água por 10 minutos

180 gramas de carne vegana "crua" comprada pronta ou Carne Moída "Crua" Caseira (p. 185)

¼ de xícara de salsinha fresca picada

2 colheres de sopa de hortelã fresca picada

2 colheres de sopa de extrato de tomate

¼ de colher de chá de canela em pó

Pimenta-do-reino moída na hora

1 pimentão vermelho pequeno

120 gramas de Queijo Paneer Caseiro (p. 225), cortado em quadradinhos de 2,5 cm

Com uma faca, raspe levemente a superfície da abobrinha, expondo a parte mais clara. Corte a abobrinha ao meio, não no sentido do comprimento, mas transversalmente. Usando uma faca pequena, tire o miolo da abobrinha pelo lado cortado. Comece com pequenas porções e depois vá aprofundando, deixando uma casca com espessura de 4 cm a 3 cm. Na verdade, é mais fácil do que parece e vai bem rápido. Coloque o interior da abobrinha esvaziada numa panela ou frigideira de bordas altas.

Pique os tomates (se estiver usando frescos) e coloque cerca de 2/3 deles na panela, com o miolo da abobrinha. Fatie metade da cebola e coloque na panela também. Adicione cerca da metade do alho, o azeite e uma boa pitada de sal.

Prepare o recheio: pique bem a metade restante da cebola e coloque numa tigela. Escorra o arroz que estava de molho e adicione-o à tigela com a carne, a salsinha, a hortelã, o extrato de tomate, o alho e os tomates restantes, além da canela. Misture bem e tempere com sal e pimenta-do-reino.

Agora, recheie as abobrinhas com a mistura de arroz e carne. Corte o pimentão vermelho em 16 pedaços aproximadamente do mesmo tamanho da abertura das abobrinhas e use-os como tampa para fechá-las. Coloque as abobrinhas na panela de modo que a extremidade aberta fique inclinada para cima. As abobrinhas e os tomates na panela ajudarão a mantê-las em pé. Isso é importante porque a panela ficará cheia de líquido quando você a colocar no fogo, e você não quer que o líquido chegue ao recheio.

Tampe a panela e ligue o fogo alto. Quando ferver, reduza o fogo e deixe por 45 minutos. Em seguida, coloque um quadradinho de queijo paneer sobre a abertura de cada abobrinha e deixe cozinhar por mais 15 minutos com a panela tampada, até que o líquido esteja reduzido e muito saboroso, as abobrinhas estejam macias, e o arroz, totalmente cozido. Sirva com o molho da panela.

Variação

Abobrinha com Iogurte: pule a etapa do queijo paneer e sirva as abobrinhas com uma colherada de iogurte vegano natural.

Adobo de Frango Cremoso Rapidíssimo

Serve 4 pessoas

O adobo de frango é um prato filipino clássico. Na forma original, o frango é dourado numa panela e depois cozido numa mistura de sabor intenso composta de vinagre de arroz, molho de soja e leite de coco. Não é exatamente uma refeição rápida para uma noite agitada. Esta versão vegana é superprática (na verdade, se você quiser, pode substituir os vegetais congelados pelo que tiver na despensa ou no freezer), mas ainda assim tem sabor intenso. Experimente servir com brócolis ou vagens cozidos no vapor ou refogue um punhado de couve picada com o frango no molho, no final. Embora eu nunca tenha experimentado a versão original, nossa *chef* filipina da Miyoko's, Syl, diz que tem gosto muito parecido com o que ela comia na casa dos pais. Sirva o frango sobre arroz em tigelas largas e rasas, com uma pitada de coentro e cebolinha-verde.

2 frascos (400 ml) de leite de coco integral

⅓ de xícara de vinagre de arroz

⅓ de xícara de molho de soja ou tamari

1 dente de alho descascado e esmagado

3 folhas de louro desidratadas

¾ de colher de chá de grãos de pimenta-do-reino preta, grosseiramente moídos num pilão

300 gramas de filés de frango vegano comprados em loja ou Frango Suculento Caseiro (p. 202); ou Frango Assado Saboroso (p. 204)

4 xícaras de arroz jasmim ou basmati cozido

2 colheres de sopa de coentro fresco picado

2 cebolinhas (com as partes branca e verde-clara) cortadas em fatias finas

Numa frigideira grande, misture o leite de coco, o vinagre de arroz, o molho de soja, o alho, as folhas de louro e os grãos de pimenta moídos e leve para ferver em fogo médio. Cozinhe por cerca de 10 minutos, mexendo de vez em quando, até que o líquido reduza pela metade.

Enquanto isso, cozinhe o frango de acordo com as instruções da embalagem, se necessário. Para o Frango Suculento Caseiro, basta colocá-lo no adobo e cozinhar por mais 2 minutos para aquecer, virando uma ou duas vezes durante o cozimento. Sirva com arroz e cubra tudo com coentro e cebolinha-verde.

Mussaká

Serve de 8 a 10 pessoas

Na minha primeira viagem à Grécia, em 1978, fiquei intrigada com um prato chamado mussaká, que estava nos cardápios de restaurantes por toda parte. Sendo vegetariana, nunca experimentei (em vez disso, preferia spanakopita e tyropita), embora tenha certeza de que alguém me explicou do que era feito. Berinjela coberta por camadas espessas de ragu com canela e molho bechamel leva a uma experiência transformadora. Uma camada de batatas não é obrigatória, mas acho que deixa ainda melhor. O que servir com isso? Uma verdadeira salada grega feita com tomates picados, cebolas-roxas, azeitonas e queijo feta vegano – sem alface, já que não é tradicional.

900 gramas de berinjela italiana ou japonesa, fatiadas com 1,25 cm de espessura

Sal marinho

700 gramas de batatas Yukon Gold (ou uma batata similar, como a ágata ou a inglesa)

MOLHO DE CARNE

Aproximadamente 5 colheres de sopa de azeite

1 cebola amarela ou branca, picada

1 colher de sopa de alho picado, ou a gosto

500 gramas de carne moída vegana comprada em loja ou Carne Moída "Crua" Caseira (p. 185)

2 colheres de sopa de molho de soja, tamari ou Aminoácidos Líquidos Bragg (ver o Glossário)

800 gramas de tomates frescos muito maduros, picados, ou 1 lata (800 gramas) de tomates em cubos

½ xícara de vinho tinto

4 colheres de sopa de extrato de tomate

2 colheres de chá de orégano desidratado

1 colher de chá de páprica defumada picante

1 colher de chá de açúcar

Coloque as batatas numa panela com água e uma pitada de sal e leve para ferver. Reduza o fogo para ferver em fogo baixo e cozinhe por cerca de 30 minutos, até que as batatas estejam macias ao serem perfuradas com um garfo. Retire-as da água e deixe esfriar; em seguida, descasque-as e corte-as em fatias com cerca de 1 cm de espessura.

Enquanto as batatas cozinham, comece o molho de carne: aqueça 3 colheres de sopa de azeite numa panela grande de fundo grosso. Adicione a cebola e o alho e refogue por cerca de 5 minutos, até ficarem macios. Desfaça a carne moída na panela e frite até dourar por cerca de 3 minutos; regue com molho de soja e mexa para incorporar. Adicione os tomates, o vinho tinto, o extrato de tomate, o orégano, a páprica defumada, o açúcar, a canela e as folhas de louro. Leve para ferver e cozinhe por cerca de 30 minutos, até que a mistura fique bem espessa e com aparência deliciosa. Tempere com sal e pimenta.

Enquanto o molho estiver cozinhando, prepare o molho bechamel espesso: misture a água, as castanhas-de-caju, o vinho, o amido de milho, a levedura nutricional e o sal num liquidificador e bata até a mistura ficar cremosa e homogênea. Despeje numa panela e cozinhe em fogo médio, mexendo com uma colher de pau ou *fouet*, até ficar bem espesso, o que acontecerá em cerca de 3 minutos, quando começar a ferver. Adicione o queijo e a pimenta.

½ colher de chá de canela em pó ou 1 pau de canela

2 folhas de louro

Pimenta-do-reino moída na hora

MOLHO BECHAMEL ESPESSO

4 xícaras de água

1½ xícaras de castanhas-de-caju cruas

⅓ de xícara de vinho branco

¼ de xícara de amido de milho

1 colher de sopa de levedura nutricional (ver o Glossário)

½ colher de chá de sal marinho

½ xícara de queijo vegano ralado comprado em loja ou queijo cheddar, ou Parmesão Caseiro (p. 228); ou Parmesão de Nozes Rápido (p. 169)

Pimenta-do-reino moída na hora

Agora doure as fatias de berinjela. Aqueça uma frigideira grande em fogo alto e despeje as 2 colheres de sopa restantes de azeite. Adicione quantas fatias de berinjela couberem numa única camada e doure ambos os lados por cerca de 2 minutos. Mantenha o fogo relativamente alto, pois você precisa dourar por fora sem deixar que as fatias fiquem moles; elas continuarão a cozinhar no forno. Retire as fatias da panela e reserve. Repita o processo com o restante da berinjela, adicionando 1 ou 2 colheres de sopa de azeite na panela a cada vez, até que toda a berinjela tenha sido cozida.

Preaqueça o forno a 190 °C.

Agora está na hora de montar a mussaká: forre uma assadeira de aproximadamente 20 cm por 30 cm com as fatias de berinjela, colocando-as bem próximas umas das outras; use cerca de metade das fatias. Despeje metade do molho sobre a primeira camada de fatias de berinjela e cubra com o restante da berinjela. Despeje o molho restante e cubra com as fatias de batata. Espalhe o molho bechamel de castanha-de-caju sobre as berinjelas e as batatas. Asse por cerca de 30 minutos, até que o molho esteja dourado. Deixe a mussaká esfriar por cerca de 15 minutos antes de cortar e servir.

Pasta e Fagioli com Pancetta

Na forma mais básica, a pasta e fagioli italiana é uma sopa à base de tomate com legumes, macarrão e feijão (daí o nome). A magia vem de sua flexibilidade infinita: os carnívoros, muitas vezes, adicionam a ela pancetta ou guanciale (bochecha de porco curada); os lavradores a preparam quando há uma supercolheita de abobrinhas, e adoro sua capacidade de incorporar qualquer coisa picada que tenha sobrado. Minha versão tem sabor untuoso e carnudo que vem dos cogumelos porcini desidratados. Eles não são realmente percebidos aqui como cogumelos, mas, sim, como sabor de fundo rico e semelhante à carne – perfeito para alguém que precisa de uma refeição introdutória ao veganismo. Use pancetta ou bacon caseiro se você gosta de um pouco de crocância e um sabor mais defumado, ou linguiça italiana vegana comprada em loja se estiver com pressa, mas ainda quiser um ensopado muito saboroso. E, acima de tudo, trate esta receita apenas como modelo e adicione o que mais lhe agradar! Mas sempre sirva com um pedaço de pão de qualidade.

30 gramas de cogumelos porcini desidratados

1 xícara de água quente

1 colher de sopa de azeite extravirgem

1 cebola amarela ou branca bem picada

2 cenouras fatiadas em rodelas de 6 mm

2 talos de aipo cortados em meias-luas de 6 mm

2 dentes de alho bem picados

Sal kosher e pimenta-do-reino moída na hora

2 colheres de sopa de extrato de tomate

2 colheres de chá de orégano fresco picado

4 xícaras de caldo de legumes

450 gramas de tomates frescos muito maduros, cortados em cubos, ou 1 lata (400 gramas) de polpa de tomate

1 maço pequeno de couve ou outras verduras de folhas (cerca de 120 gramas) sem os talos, picadas grosseiramente

2 latas (400 gramas cada) de feijão-branco enxaguados e escorridos

½ xícara de macarrão miúdo

1 colher de sopa de vinagre de xerez, mais a gosto

350 gramas de Pancetta (p. 200) ou Bacon de Cogumelo Eryngui (p. 197); ou 2 linguiças italianas veganas compradas em loja (200 gramas) cozidas de acordo com a receita ou as instruções da embalagem, cortadas em pedaços pequenos

Queijo parmesão vegano ralado comprado em loja ou o Parmesão Caseiro (p. 228); ou o Parmesão de Nozes Rápido (p. 169), para servir

Um bom azeite extravirgem para servir

Numa tigela pequena, deixe os cogumelos porcini de molho na água quente por 30 minutos.

Aqueça uma panela grande de sopa em fogo médio. Adicione o azeite e depois a cebola e refogue, mexendo de vez em quando, por 5 minutos, ou até que a cebola comece a amolecer. Adicione as cenouras, o aipo e o alho, tempere com sal e pimenta e refogue por mais 5 minutos, mexendo de vez em quando. Misture o extrato de tomate e o orégano e cozinhe por mais 2 minutos, até que a mistura comece a escurecer e grudar na panela. Retire os cogumelos da água e pique-os, reservando o líquido. Adicione à panela os cogumelos picados, o caldo de legumes, os tomates em cubos ou a polpa de tomate e a couve. Misture ou amasse uma lata de feijão com a água do molho dos cogumelos, amasse alguns grãos e adicione à panela. Espere ferver, tampe, reduza o fogo e cozinhe por 10 minutos, mexendo de vez em quando. Adicione o macarrão e o restante dos feijões inteiros e cozinhe por mais 12 minutos, aproximadamente, mexendo de vez em quando, até que o macarrão esteja macio. Misture o vinagre e tempere com sal e pimenta a gosto. Adicione a carne e sirva bem quente, coberto com queijo ralado e um fio de um bom azeite.

Carbonara da Lua

Serve de 4 a 6 pessoas

Durante uma visita a Ortigia, na Sicília, alguns anos atrás, tive o prazer de jantar num belo restaurante vegano e galeria de arte chamado Moon [Lua, em inglês], onde nosso grupo se deliciou com pratos locais enquanto ouvia um apaixonado cantor e compositor italiano. Um dos pratos era um macarrão à carbonara clássico, prato cremoso de massa feito com ovos e presunto, algo que parecia quase inatingível em minha experiência vegana até então. Com base numa descrição bastante vaga de como eles fizeram, tentei recriá-la aqui. Se você é bom em picar, o prato todo pode ser feito no tempo que leva para ferver a água e cozinhar a massa, tornando-o fantástico até mesmo para uma noite da semana. Para dar credibilidade, use kala namak, também conhecido como sal negro, pois seu sabor sulfuroso o fará lembrar do ovo.

Sal kosher

3 colheres de sopa de azeite

1 cebola amarela ou branca picada

4 dentes de alho fatiados ou picados

250 a 300 gramas de pancetta (de preferência a da p. 200) ou tofu defumado

450 gramas de linguine

2 xícaras de leite de aveia ou soja sem açúcar e sabor "original"

⅔ de xícara de farinha de grão-de-bico

1 pitada generosa de açafrão em pó

½ colher de chá de sal negro (kala namak; ver o Glossário) ou sal marinho

½ xícara de queijo parmesão vegano comprado em loja ou do Parmesão Caseiro (p. 228); ou do Parmesão de Nozes Rápido (receita a seguir), mais um pouco para cobrir

½ xícara de salsinha fresca picada

Comece por ferver uma panela de água com sal para o macarrão. Enquanto espera a água ferver, aqueça o azeite numa frigideira e adicione as cebolas, o alho e a pancetta e frite por cerca de 7 minutos, até que as cebolas estejam macias, e a pancetta, dourada. Desligue o fogo e reserve.

Quando a água estiver fervendo, coloque o linguine. Enquanto a massa cozinha, prepare a mistura de "ovo": coloque o leite, a farinha de grão-de-bico e o açafrão num liquidificador e bata rapidamente até ficar homogêneo. Escorra a massa bem *al dente* (com o centro ainda firme), reservando cerca de 1 xícara da água do cozimento. Despeje o macarrão na frigideira com as cebolas e a pancetta, acenda o fogo novamente no médio, despeje a mistura de "ovo" de leite e grão-de-bico e misture bem.

O molho começará a engrossar e revestir o linguine rapidamente. Adicione o sal negro. Se precisar, adicione um pouco ou toda a água do cozimento reservada. A mistura deve ficar bem cremosa, não pegajosa. Acrescente o queijo e a salsa e sirva com mais queijo, se desejar.

Parmesão de Nozes Rápido

Rende cerca de 2½ xícaras

Existem muitas receitas de parmesão de nozes por aí, mas a adição de azeitonas verdes traz um pouco mais de complexidade e sabor semelhante ao parmesão a esta versão excelente para polvilhar em massas e saladas.

1 xícara de nozes, amêndoas, pinholes ou sementes de abóbora torradas, ou uma mistura de 1 xícara de levedura nutricional (ver o Glossário)

½ xícara de azeitonas verdes sem caroço

½ colher de chá de sal marinho

Coloque todos os ingredientes num processador de alimentos e processe até obter uma textura fina e granulada. Guarde num frasco na geladeira por 6 a 8 semanas.

Ragu de Linguiça e Cogumelo Porcini sobre Polenta

Serve 6 pessoas

Variações de um ragu substancioso feito com cogumelos e linguiça podem ser encontradas em toda a Itália. Embora possa parecer uma comida nobre, era, provavelmente, a maneira camponesa de criar uma refeição deliciosa com os cogumelos encontrados na floresta (procurar cogumelos selvagens ainda é um passatempo muito apreciado pelos italianos), adicionando uma ou duas linguiças, que, como sabemos, eram feitas dos pedaços de carne que sobravam. Mas não precisamos nos prender a memórias do passado: aqui, linguiças veganas se unem a cogumelos porcini desidratados para produzir um suntuoso ragu à base de tomate, servido sobre uma polenta cremosa e macia, numa refeição italiana perfeita e digna de jantar à luz de velas junto à lareira. A polenta cozinha no forno enquanto você presta atenção ao ragu no fogão, por isso não precisa se preocupar em mexer sem parar, como na maioria das receitas de polenta. Se preferir, você pode fazer a polenta com antecedência (até mesmo no dia anterior), despejá-la numa assadeira e deixá-la firmar na bancada ou na geladeira. Quando quiser servir, corte-a e leve a uma frigideira para dourar dos dois lados e aquecer.

Se preferir servir o ragu com macarrão, fique à vontade, mas não pense nem por um segundo em algo delicado como cabelo de anjo. Esse ragu merece algo maior, mais audacioso e mais crocante, como pappardelle ou rigatoni.

POLENTA

6 xícaras de água

1 colher de chá de sal marinho

1¼ de xícara de polenta seca (fubá de milho grosso)

2 colheres de sopa de levedura nutricional (ver o Glossário)

5 dentes de alho picados

1 colher de sopa de azeite de oliva

RAGU

30 gramas de cogumelos porcini desidratados

1 xícara de água quente

3 colheres de sopa de azeite de oliva

4 linguiças veganas grandes do tipo "cruas"

1 cebola amarela cortada em cubos

1 bulbo de erva-doce, sem o miolo, cortado ao meio e depois em fatias finas (reserve as folhas da erva-doce)

Sal marinho

700 gramas de tomates frescos bem maduros, picados, ou 1 lata (800 gramas) de tomates San Marzano ou italianos em cubos

¼ de xícara de vinho tinto

6 dentes de alho picados

2 colheres de sopa de extrato de tomate

2 ramos de alecrim fresco

½ colher de chá de pimenta vermelha em flocos

¼ de xícara de folhas de erva-doce bem picadas, reservadas para guarnição

Preaqueça o forno a 190 °C.

Comece fazendo a polenta: leve a água para ferver numa panela grande, que possa ir ao forno, como uma de ferro fundido, e adicione o sal. Usando um batedor de arame, adicione a polenta à panela num fluxo constante, mexendo sempre (não despeje tudo de uma vez ou poderá formar grumos). Adicione a levedura nutricional, o alho e o azeite e misture bem. Tampe a panela e coloque-a no forno para terminar de cozinhar por cerca de 45 minutos, até ficar espessa, cremosa e suave.

Depois de colocar a polenta no forno, comece o ragu: coloque os cogumelos porcini numa tigela pequena e despeje a água quente sobre eles, deixando que hidratem enquanto você prepara o molho. Numa panela de fundo grosso, aqueça o azeite em fogo médio, adicione as linguiças e frite por 3 ou 4 minutos, até dourar. As linguiças vão soltar um pouco de gordura e suco, adicionando sabor aos outros ingredientes que serão preparados na mesma frigideira. Retire as linguiças e reserve.

Adicione a cebola e a erva-doce na frigideira, polvilhe com uma pitada de sal e refogue por cerca de 4 minutos, até ficarem macias. Adicione os tomates, o vinho e o alho e deixe ferver por 15 a 20 minutos, até reduzir. Adicione o extrato de tomate, o alecrim e a pimenta vermelha em flocos. Retire os porcini da água e adicione-os ao molho. Junte também o líquido da hidratação, tendo o cuidado de não adicionar os sedimentos que ficam no fundo da tigela (você pode coar com um pano de musselina ou um filtro de café). Por fim, corte as linguiças em fatias de aproximadamente 1,5 cm e adicione-as ao molho. Continue cozinhando por cerca de 5 minutos para que todos os sabores se misturem.

Coloque a polenta em tigelas individuais e cubra com uma generosa porção do ragu. Decore com as folhas de erva-doce.

Variações

Ragu sobre Quadradinhos de Polenta: se preferir uma polenta firme, despeje a polenta quente numa forma untada (usando azeite de oliva), de modo que ela fique com cerca de 2,5 cm de espessura. Deixe esfriar por 1 hora em temperatura ambiente e, em seguida, leve à geladeira até firmar. Corte em quadradinhos ou triângulos e frite-os em azeite de oliva até ficarem crocantes e dourados dos dois lados. Sirva com o ragu.

Polenta no Fogão: se preferir, você pode cozinhar a polenta no fogão. Siga as instruções acima, mas, em vez de colocar no forno, reduza o fogo para baixo depois de adicionar todos os ingredientes e mexa a cada 2 minutos, até ficar espessa e cremosa, por 30 a 40 minutos.

Paella com Vieiras, Linguiça e Frango

O ideal é que você tenha uma grande panela de paella, uma fogueira na qual colocá-la e um pôr do sol espanhol sobre colinas douradas quando fizer esta receita. No entanto, mesmo num apartamento apertadinho, você ainda pode transportar sua família e seus amigos para um lugar romântico com esse prato amanteigado e cheio de camadas de sabor. A paella, prato nacional da Espanha, é tradicionalmente feita numa panela larga, rasa e fina que aquece rapidamente e cozinha o arroz de maneira uniforme. Use sua maior frigideira ou até mesmo uma panela de ferro fundido, e garanto que ninguém vai perceber a diferença.

Se tiver Vieiras Vapt-vupt na Manteiga sobrando, pode pular a etapa de preparação e cozimento dos cogumelos eryngui e usá-las no lugar deles.

30 gramas de cogumelos porcini desidratados

2 xícaras de água quente

6 colheres de sopa de azeite

250 gramas de cogumelos eryngui cortados em discos de 1,5 cm ou 250 gramas de Vieiras Vapt-Vupt na Manteiga (p. 222)

1 colher de sopa de molho de peixe vegano (ver o Glossário; pule se estiver usando Vieiras Vapt-vupt na Manteiga)

250 gramas de linguiça italiana vegana cortada em fatias de 1,5 cm

250 gramas de peito de frango vegano ou coxas cortadas em fatias de 1,5 cm; ou frango vegano em tiras ou pedaços, ou o Frango Suculento Caseiro (p. 202); ou o Frango Assado Saboroso (p. 204), cortado em fatias de 1,5 cm

2 cebolas amarelas ou brancas cortadas em cubos

1 pimentão vermelho, amarelo ou laranja cortado em cubos

5 dentes de alho picados

½ xícara de salsinha fresca picada

Sal marinho

Numa tigela pequena, deixe os cogumelos porcini de molho na água quente por cerca de 20 minutos. Enquanto isso, aqueça em fogo médio 2 colheres de sopa de azeite numa frigideira grande e adicione os cogumelos eryngui. Deixe-os dourar de um lado por cerca de 3 minutos, vire-os e deixe-os no fogo por mais cerca de 3 minutos. Quando os dois lados estiverem dourados, regue-os com o molho de peixe e reserve (pule essa etapa se tiver Vieiras Vapt-vupt na Manteiga). Na mesma frigideira, aqueça, em fogo médio, mais 2 colheres de sopa de azeite e adicione a linguiça e o frango, fritando por cerca de 4 minutos, até dourarem levemente. Reserve com as vieiras.

Aqueça as 2 colheres de sopa restantes de azeite na frigideira e adicione as cebolas, os pimentões, o alho e a salsinha para fazer um *sofrito* (refogado). Tempere com um pouco de sal e refogue por cerca de 4 minutos, até os legumes ficarem macios.

2 xícaras de arroz branco de grão curto, como o arbóreo ou o cateto

2 pitadas generosas de açafrão

1½ xícara de caldo de legumes

800 gramas de tomates maduros e frescos, cortados em cubos, ou 1 lata (800 gramas) de tomates em cubos

½ xícara de vinho tinto

2 colheres de chá de manjericão desidratado

Pimenta-do-reino moída na hora

Adicione o arroz e o açafrão e cozinhe, mexendo por 2 minutos. Junte as vieiras, a linguiça, o frango, os cogumelos porcini com o líquido do molho, o caldo de legumes, os tomates, o vinho, o manjericão e uma pitada ou duas de pimenta-do-reino e mexa rapidamente. Tampe, reduza o fogo e cozinhe por cerca de 15 minutos, até o arroz ficar macio.

Frango Siciliano e Couve-flor ao Vinho Tinto com Azeitonas e Alcaparras

Serve de 4 a 6 pessoas

Este foi um prato que experimentei na Sicília sem o frango. Adicionar frango à base vegetal torna-o uma refeição completa que precisa apenas de uma salada e arroz ou de um pouco de macarrão. O *chef* que o criou e nos ensinou a prepará-lo insistiu em dizer que não se usa água para cozinhar a couve-flor. É tudo vinho tinto, *baby*, o que confere tonalidade roxa encantadora ao prato. O queijo defumado cria sabor pleno e harmonioso. A muçarela defumada é tradicional, mas outros tipos de queijo defumado também funcionam bem aqui (apenas certifique-se de que o queijo seja realmente defumado e não contenha só sabor de fumaça, pois isso pode afetar o resultado geral). Se você gosta de pimenta, pode adicionar um pouco de peperoncino (pimenta vermelha em flocos). Sirva com macarrão ou arroz; prefiro um arroz fofo de grão longo ou apenas um pedaço grande de pão crocante para absorver o molho.

2 colheres de sopa de azeite

1 cebola-roxa, cortada em cubos

3 dentes de alho picados

1 couve-flor cortada em floretes

350 gramas de frango vegano em tiras ou pedaços grandes (não "picados"), ou o Frango Suculento Caseiro (p. 202); ou o Frango Assado Saboroso (p. 204)

1½ xícara de vinho tinto

⅔ de xícara de azeitonas kalamata, sem caroço e cortadas ao meio

⅓ de xícara de alcaparras

Pitada de pimenta vermelha em flocos (opcional)

180 gramas de queijo vegano defumado ralado

½ xícara de pinholes torrados (ver a Observação, p. 32)

Sal marinho

salsinha picada para guarnecer (opcional)

Numa panela com fundo grosso ou com tampa bem ajustada, aqueça o azeite em fogo médio-baixo. Adicione as cebolas e o alho e refogue por cerca de 4 minutos, até ficarem macios (você pode tampar a panela para acelerar o processo). Adicione a couve-flor, o frango, o vinho, as azeitonas, as alcaparras e a pimenta vermelha em flocos, tampe e deixe cozinhar em fogo baixo por 12 a 15 minutos, até que a couve-flor fique bem macia. Mexa os ingredientes uma ou duas vezes para garantir uma tonalidade rosa encantadora e uniforme à couve-flor. No final, deve sobrar um pouco de suco vermelho, mas os ingredientes não devem estar nadando no vinho. Adicione o queijo e os pinholes e mexa até derreter o queijo. Tempere com sal a gosto e decore com salsinha.

Albóndigas

As albóndigas são a versão mexicana suprema de *comfort food*. Preparadas pelas avós, são, segundo a tradição, almôndegas de textura leve, feitas com carne bovina, arroz e ervas. Muitas pessoas consideram que o prato não seja apenas as almôndegas em si, o que acredito ser tecnicamente correto, mas também o caldo com vegetais, que se tornou famoso e recebe o mesmo nome. Esta é a minha versão vegana de ambos: almôndegas leves com arroz integral cozido e temperadas com ervas picadas, num caldo saboroso substancioso, mas não muito pesado. A hortelã nem sempre é tradicional aqui, mas acho que confere um toque de frescor no inverno e um impulso refrescante no verão, então ela vai bem durante todo o ano. Se preferir, você pode usar coentro em vez dela.

CALDO

2 colheres de sopa de azeite extravirgem

1 cebola amarela pequena picada

2 cenouras cortadas ao meio no sentido o comprimento e depois em meias-luas de 1,25 cm

2 talos de aipo cortados ao meio no sentido do comprimento (se forem grossos) e depois em fatias de 1,5 cm

2 dentes de alho grandes bem picados

1 colher de sopa de orégano fresco bem picado

2 colheres de sopa de extrato de tomate

¾ de colher de chá de cominho em pó

¼ de colher de chá de coentro em pó

Sal kosher e pimenta-do-reino moída na hora

8 xícaras de caldo de legumes

2 tomates maduros picados

1 batata grande (340 gramas), descascada e cortada em cubos

¼ de xícara de hortelã fresca picada, mais um pouco para servir

Faça o caldo: aqueça uma panela grande, de ferro fundido, se tiver, em fogo médio. Adicione o óleo e a cebola e refogue por cerca de 3 minutos, mexendo de vez em quando, até a cebola começar a amolecer. Adicione as cenouras, o aipo e o alho e cozinhe por mais 2 minutos, mexendo com frequência. Junte o orégano, o extrato de tomate, o cominho e o coentro, tempere com sal e pimenta e mexa por mais cerca de 1 minuto, até que todos os legumes estejam bem envolvidos pelo molho. Adicione o caldo, os tomates e a batata e espere ferver. Reduza o fogo para baixo e cozinhe em fogo brando por 15 minutos, até que os sabores se misturem, e a sopa fique saborosa.

Enquanto isso, faça as almôndegas: numa tigela média, misture o arroz, o orégano, a hortelã, o alho, o sal, o cominho, o coentro e a pimenta-do-reino. Adicione a carne moída e misture até que o arroz esteja completamente incorporado à carne, e a mistura, uniforme. (Acho que as mãos funcionam melhor aqui.) Modele cerca de duas dúzias de almôndegas de 2,5 cm. (Se quiser fazer o caldo com antecedência, pare aqui. Deixe-o esfriar até a temperatura ambiente e leve-o à geladeira, coberto, por

1 xícara de arroz integral cozido

1 colher de sopa de orégano fresco bem picado

1 colher de sopa de hortelã fresca bem picada

2 dentes de alho grandes ralados

½ colher de chá de sal kosher

½ colher de chá de cominho em pó

¼ de colher de chá de coentro em pó

¼ de colher de chá de pimenta-do-reino moída na hora

450 gramas de "carne moída" vegana do tipo "crua"

até 3 dias. Cubra e refrigere também as almôndegas. Antes de servir, volte a aquecer o caldo até ferver e continue.)

Adicione a hortelã e as almôndegas ao caldo e deixe cozinhar em fogo brando por 10 minutos, ou até que a carne não esteja mais rosada no centro, virando delicadamente as almôndegas na metade do tempo. Tempere o caldo com sal e pimenta e sirva com hortelã extra por cima.

CAPÍTULO 6

Faça Você Mesmo: A Arte de Fazer Carne e Queijo Vegano com Vegetais

Com tantos novos produtos chegando às prateleiras, por que você se daria ao trabalho de fazer as próprias alternativas à carne? Em primeiro lugar, porque existe certa magia em transformar grãos, leguminosas ou cogumelos em algo completamente novo. E há a oportunidade de fazer uma variedade de produtos menos processados, talvez até à base de alimentos integrais ou sem glúten, com ingredientes mais saudáveis. Por fim, você pode fazer coisas que ainda não se encontram por aí com facilidade, como lagosta vegana! Não, elas não serão idênticas à carne animal (nem é o que queremos, de qualquer maneira), mas garanto que são tão deliciosas quanto.

Este capítulo começa com versões criativas das carnes mais tradicionais feitas com glúten de trigo. No entanto, eu as "enriqueci" incorporando cogumelos, leguminosas e outros grãos para criar sabores e texturas diferentes do que normalmente se encontra. Desde um bife suculento até um peito de boi desfiado e um frango substancioso – está tudo aqui. Mas as receitas baseadas em carne de glúten são poucas, pois a maioria das receitas deste capítulo são sem glúten e apresentam preparações únicas de cogumelos, leguminosas e konjac para criar praticamente tudo, desde peixe até frango frito. Até incluí uma mistura de hambúrguer instantâneo que você pode fazer e estocar para quando precisar de uma refeição rápida, saudável, mas "carnuda".

Embora este seja um livro sobre carne plant-based, eu não poderia deixar de incluir algumas receitas de queijo. Afinal, o queijo e a carne andam quase sempre de mãos dadas. Lembro que apenas alguns anos atrás o queijo vegano era motivo de piada. Agora, várias marcas ocupam espaço importante nas prateleiras dos supermercados, além das lojas de alimentos naturais. Assim como os leites alternativos, que agora representam parte expressiva das vendas de leite, os queijos veganos estão começando a influenciar o modo como as pessoas veem os sanduíches e a pizza.

Embora minha empresa, a Miyoko's, tenha desempenhado papel de liderança no crescimento dessa revolução do queijo vegano nos Estados Unidos, existem tantas outras marcas incríveis se juntando ao movimento e expandindo a categoria que esse é realmente um momento empolgante para os amantes de queijo em todo o mundo. Hoje, em qualquer supermercado, você não terá dificuldade em encontrar a maioria dos queijos para as receitas deste livro. Mas, como descobri em minhas viagens pelo mundo visitando produtores artesanais de queijo vegano, fazer o próprio queijo é um projeto apaixonante para muitos veganos. Espero que você aproveite essas novas receitas!

Essas são as que realmente me empolgam, porque despertam meu lado mágico. Talvez desperte o seu também.

Bife Suculento Grelhado na Brasa

Rende 8 bifes (de 250 gramas)

Esta é a base para várias receitas, incluindo o Cassoulet (p. 111) e o Bife Hasselback com Molho Chimichurri de Vinagre Balsâmico (p. 116). Este bife é realmente cheio de sabor e pode ser usado em refogados, strogonoff, guisados ou sanduíches estilo Philly Cheesesteak, o sanduíche clássico da Filadélfia. Também é delicioso como "bife" tradicional, acompanhado de batata assada e salada. O sabor grelhado é essencial, por isso asse-o na churrasqueira ou numa grelha de ferro fundido, no fogão.

BIFE

1 xícara de grão-de-bico cozido

½ xícara de vinho tinto

½ xícara de água ou vinho tinto adicional

5 colheres de sopa de azeite, mais um pouco para untar

⅓ de xícara de extrato de tomate

180 gramas de cogumelos brancos ou cremini (cerca de 3 xícaras) cortados em quatro

120 gramas de beterraba (cerca de ½ beterraba grande) descascada e fatiada

8 dentes de alho descascados

3 colheres de sopa de missô branco ou de grão-de-bico

2 colheres de sopa de molho de soja

1 colher de sopa de caldo de carne vegano

1½ colher de sopa de páprica defumada

1½ colher de sopa de cebola em pó

½ colher de chá de pimenta-do-reino moída na hora

3½ a 4 xícaras de glúten de trigo vital (ver o Glossário)

MARINADA

½ xícara de vinho tinto

⅓ de xícara de azeite

⅓ de xícara de pimenta-do-reino moída grosseiramente

1 colher de sopa de alho picado

2 colheres de chá de tomilho desidratado

1 colher de chá de alecrim desidratado

½ colher de chá de sal kosher

Prepare o bife: coloque todos os ingredientes, exceto o glúten de trigo, no liquidificador e bata até ficar líquido. Despeje a mistura numa tigela grande e junte o glúten de trigo, mexendo com uma colher de pau. Coloque a massa numa superfície limpa e sove por cerca de 2 minutos, até ficar bem elástica. Estique e achate até atingir uma espessura de 6 mm a 1,25 cm e divida em 8 pedaços, partindo com a mão ou cortando com uma faca.

Prepare uma panela de cozimento a vapor. Se você não tiver esse tipo de panela, pode usar um escorredor de macarrão dentro de uma panela grande (só se certifique de que o escorredor fique "preso" à borda da panela, para que o fundo não fique submerso na água, e colocar uma tampa nele). Rasgue pedaços de papel-alumínio, pincele os bifes com óleo e envolva-os frouxamente. Coloque os bifes na cesta da panela de cozimento a vapor, empilhando-os, se necessário. Tampe.

Cozinhe no vapor por cerca de 1 hora. Para verificar o ponto, corte um dos bifes ao meio. Ele não deve mais estar elástico, mas ter textura uniforme em todo o interior.

Enquanto os bifes estão cozinhando no vapor, prepare a marinada misturando todos os ingredientes numa tigela. Deixe os bifes esfriarem e, em seguida, esfregue a marinada em ambos os lados.

Aqueça a churrasqueira ou uma grelha de ferro fundido no fogão. Grelhe ambos os lados até aparecerem marcas da grelha nos bifes. Sirva em seguida ou refrigere por até 1 semana. Você também pode congelá-los, embrulhados separadamente em filme-plástico ou papel-manteiga, num recipiente bem vedado, por até 6 meses (descongele antes de usar).

Filé Mignon Marinado Macio

Rende cerca de 1 quilo

Ao contrário do Bife Suculento Grelhado na Brasa (p. 180), que é firme e crocante, este é um filé fino e macio que derrete na boca e explode de sabor. Você pode grelhá-lo, recheá-lo, preparᡠlo com a técnica oriental *stir-fry*, usá-lo como recheio saboroso para sanduíches ou adicionar um pouco de mostarda em grãos à marinada para criar uma deliciosa camada brilhante aos filés, para uma refeição rápida e elegante. Também é perfeito para o Parmigiana de Carne ou Frango na Frigideira (p. 98) ou o Tigela de Arroz com Espetinhos de Carne ao Capim-Limão e Molho Nuoc Cham (molho vietnamita) de Açafrão-da-Terra (p. 153).

Basta uma pequena alteração nos ingredientes e no processo para você preparar a versátil receita de Carne Moída "Crua" Caseira (p. 185).

FILÉS

1 xícara de cogumelos shitake desidratados, deixados de molho em cerca de 3 xícaras de água, por 3 a 4 horas, ou durante a noite

6 colheres de sopa de molho de soja, tamari ou Aminoácidos Líquidos Bragg (ver o Glossário)

¼ de xícara de azeite de oliva, mais um pouco para a panela

¼ de xícara de vinho tinto

⅓ de xícara de cebola amarela ou branca em cubos

6 dentes de alho descascados

2¼ a 2¾ de xícaras de glúten de trigo vital (ver o Glossário)

MARINADA

1 xícara de vinho tinto

¼ de xícara de molho de soja ou tamari

¼ de xícara de saquê mirin (ver o Glossário)

½ xícara do líquido do molho dos cogumelos shitake

6 dentes de alho picados

1 pitada generosa de pimenta-do-reino moída na hora

Prepare os filés: retire os cogumelos shitake da água, reservando ½ xícara do líquido para os filés e ½ xícara para a marinada. Bata no liquidificador os cogumelos shitake reidratados, 4 colheres de sopa do molho de soja, o azeite, o vinho, a cebola, o alho e ½ xícara da água dos cogumelos, até obter um creme homogêneo. Despeje numa tigela e misture o glúten de trigo, usando a quantidade para se quiser uma textura mais firme. (Essa quantidade também depende do tanto de água absorvida pelos cogumelos shitake, então ajuste conforme necessário. A mistura deve ter consistência semelhante à massa de modelar, que pode ser esticada e moldada, mas não esfarelar ou ficar muito dura.) Molde os filés com cerca de 1,5 cm de espessura. Aqueça um pouco de óleo numa frigideira funda e frite-os em fogo médio até dourarem, cerca de 3 minutos de cada lado. Despeje o líquido restante do molho dos shitakes e água suficiente sobre os filés para cobri-los por completo. Adicione as 2 colheres de sopa restantes do molho de soja. Cubra parcialmente e deixe ferver em fogo baixo por cerca de 30 minutos, até que estejam totalmente cozidos e macios, mas não borrachudos.

Enquanto os filés estão cozinhando, prepare a marinada: coloque todos os ingredientes numa tigela e junte os filés já cozidos. Tampe e deixe marinar na geladeira por no mínimo 4 horas ou durante a noite. Eles podem ser mantidos na marinada, refrigerados por até 1 semana ou congelados na marinada por vários meses.

Variações

Filés sem Vinho: se você quiser evitar o vinho, pode substituí-lo por um caldo de legumes saboroso mais 2 colheres de sopa de vinagre balsâmico.

Filés Fáceis na Frigideira com Molho de Vinho Tinto e Mostarda: tire os filés da marinada, reservando 1 xícara do líquido. Aqueça uma frigideira em fogo médio-alto até ficar bem quente. Adicione 2 colheres de sopa de azeite de oliva; em seguida, adicione os filés (quantos couberem na frigideira) e doure-os por cerca de 2 minutos de cada lado. Misture 2 colheres de sopa de mostarda em grãos inteiros na marinada de vinho tinto reservada e despeje sobre os filés na panela. Deixe ferver e reduzir até que a marinada forme uma camada brilhante sobre os filés, por cerca de 2 a 3 minutos. Sirva com um acompanhamento de batatas ou arroz e alguns legumes verdes ou salada.

Brisket Maravilhoso

Rende 900 gramas

Não sei se esta receita se assemelha ao brisket que a sra. Maisel carregava de bar em bar em Nova York tentando persuadir donos de boates a dar uma chance ao marido dela de se apresentar na noite de *stand-ups*. Na verdade, não sei nem se se parece com brisket, pois nunca experimentei isso na vida. Mas depois de ouvir sobre o poder do brisket na famosa série de televisão *The Marvelous Mrs. Maisel*, perguntei a amigos não veganos de que se tratava. O fato de eu ter tentado criar uma versão vegana baseada apenas numa descrição de amigos pode ser tão engraçado quanto a própria série. No entanto, depois de experimentá-lo, duvido de que você vá rir. Espero que fique encantado. Será tão "real" quanto a "coisa de verdade"? Quem sabe? A vida, às vezes, é como a televisão, e sempre podemos usar um pouco de imaginação. O importante é que é deliciosamente macio, cheio de umami e muito versátil. Embora se mantenha firme quando fatiado, ele se desfaz em belos fios sinuosos, como carne de porco desfiada, quando refogado, e fica ótimo em fajitas ou como recheio para enchiladas, pimentões recheados ou qualquer outra coisa. Você verá essa receita sendo citada ao longo de todo este livro.

140 gramas de champignons ou cogumelos cremini cortados em quatro (cerca de 2½ xícaras)

¾ de xícara de vinho tinto

½ xícara de água

¼ de xícara mais 2 colheres de sopa de azeite

¼ de xícara de molho de soja ou tamari

4 dentes de alho descascados

2 xícaras de glúten de trigo vital (ver o Glossário)

¾ de xícara de proteína de ervilha em pó sem açúcar (ver o Glossário)

4 xícaras de caldo de carne vegana

No liquidificador, misture os cogumelos, ½ xícara de vinho tinto, a água, ¼ de xícara de azeite, o molho de soja e o alho. Bata até ficar homogêneo e despeje numa tigela grande. Numa tigela separada, coloque o glúten de trigo e a proteína de ervilha e misture bem; em seguida, adicione à mistura líquida e amasse bem com as mãos. Coloque a massa numa superfície limpa e sove por cerca de 3 minutos. Você verá que ela se tornará fibrosa. Divida em 4 pedaços e enrole-os em cilindros com cerca de 15 cm cada. Achate-os para que fiquem com cerca de 1,3 cm de espessura e 7,5 cm de largura. (Se quiser apenas um brisket grande ou dois médios, você pode fazer cilindros maiores, mas eles levarão cerca de 20 minutos a mais para cozinhar.)

Aqueça as 2 colheres de sopa de azeite restantes numa frigideira grande e funda e frite os briskets dos dois lados até dourarem, cerca de 2 minutos de cada lado. Despeje o caldo e a xícara de vinho tinto restantes na frigideira, tampe e deixe ferver em fogo médio por 30 a 40 minutos. Para verificar o ponto de cozimento, corte uma das peças ao meio; ela não deve estar pegajosa e deve ter textura e cor uniformes. A carne vai firmar um pouco à medida que esfriar. Você pode fazer isso com até 3 dias de antecedência e armazenar na geladeira ou congelar por até 3 meses (descongele antes de usar).

Carne Moída "Crua" Caseira

Rende cerca de 600 gramas

Aqui está um tipo de carne moída vegana crua que, se feita corretamente, vai se manter compacta o suficiente para você fazer hambúrgueres ou um bolo de carne. Você também pode cozinhá-la como carne moída (ela passará do tom vermelho para o marrom) e fazer molho de carne, tacos e o que desejar. Devo dizer, no entanto, que o tempo de cozimento pode ser um problema, pois é fácil cozinhar essa carne demais e perder a possibilidade de mantê-la compacta. Mas nem tudo estará perdido, porque, mesmo se cozinhar demais, ela poderá ser usada em pedaços, em vários pratos. O importante é cozinhá-la o suficiente para que o glúten comece a ser ativado, mas o interior fique bem rosado (se estiver marrom, cozinhou demais, e você não conseguirá formar almôndegas e coisas do tipo).

Saiba que ela não terá sabor tão forte de carne quanto os tipos comerciais, em que são adicionados outros ingredientes. É relativamente neutra, o que significa que você pode adicionar os temperos que quiser; faça uma versão mexicana, italiana, solte a imaginação.

½ xícara de água

¼ de xícara de azeite de oliva ou óleo, como o de girassol, canola, abacate ou semente de uva

¼ de xícara de beterraba picada

¼ de xícara de Aminoácidos Líquidos Bragg (ver o Glossário)

2 colheres de sopa de base vegana com sabor de carne ou 4 cubos ou 4 colheres de sopa de caldo de carne vegana

85 gramas de cogumelos cremini (cerca de 1½ xícara) cortados em quatro

3 dentes de alho descascados

¾ de xícara de farinha de aveia

3 colheres de sopa de linhaça moída

1¼ de xícara de glúten de trigo vital (ver o Glossário)

Coloque a água, o azeite, a beterraba, os aminoácidos líquidos, a base com sabor de carne, os cogumelos e o alho no liquidificador e bata até ficar homogêneo e cremoso. A mistura vai parecer ter a textura de um smoothie de morango. Despeje numa tigela e junte a farinha de aveia e a linhaça, misturando bem. Acrescente o glúten de trigo vital e amasse por cerca de 30 segundos, até formar uma bola.

Parta pedaços de 5 cm e coloque-os numa panela para cozimento a vapor. Cozinhe no vapor por 10 a 12 minutos, até que a parte externa fique marrom. Corte um pedaço para confirmar que a carne está começando a ficar marrom nas bordas, mas a maior parte do interior ainda esteja rosada. Transfira para um processador de alimentos e pulse até ficar moída. Ela deve se manter compacta quando você apertar e moldar numa bola. Do contrário, significa que cozinhou demais, mas ainda pode ser usada em molhos, enchiladas, e assim por diante, mas não para fazer almôndegas ou hambúrgueres.

Você pode refrigerar essa "carne" por até 1 semana ou congelar por vários meses.

Carne Moída de Nozes e Cogumelos sem Glúten e sem Óleo

Rende 350 gramas

Queria criar um substituto para a carne moída verdadeiramente saudável, feito com ingredientes integrais pouco processados, sem glúten e sem óleo. Se você está procurando algo super-saudável, mas saboroso, esta é uma ótima opção. O resultado é carnudo e funciona muito bem em tacos, molhos de macarrão e pratos orientais. Adicione-a no final da receita que você está fazendo e não a cozinhe em molhos por mais que alguns minutos para manter a textura.

Azeite (opcional) para untar a assadeira

300 gramas de cogumelos eryngui

1 xícara de nozes cruas

1 xícara de grão-de-bico cozido enxaguado

½ xícara de aveia em flocos ou em grãos

2 colheres de sopa de molho de soja, tamari ou Aminoácidos Líquidos Bragg (ver o Glossário)

1 colher de sopa de base vegana de carne

1 colher de chá de alho em pó

Preaqueça o forno a 180 °C. Forre uma assadeira com papel-manteiga ou unte bem com óleo.

Pulse os cogumelos num processador de alimentos até que fiquem em pedacinhos, mas não processe por tempo demais, para não virar purê. Transfira para uma tigela grande e reserve. Em seguida, coloque as nozes no processador e pulse até ficarem bem picadas. Transfira-as para a tigela com os cogumelos. Em seguida, pulse os grãos-de-bico até que fiquem bem picados, mas não virem purê, e adicione-os à tigela com os cogumelos e as nozes. Pulse a aveia para quebrá-la e adicione à tigela. Adicione à tigela o molho de soja, a base vegana de carne e o alho em pó e misture bem. Espalhe na assadeira preparada e asse por 20 minutos. Retire do forno e, com uma colher de pau ou espátula, desfaça a mistura em pedaços pequenos. Coloque de volta no forno e asse por mais 20 minutos, ou até que fique crocante, mas não seca. Você pode usar esta receita imediatamente, refrigerar por até 1 semana ou congelar por até 3 meses (descongele antes de usar).

Mistura Instantânea para Hambúrguer, Salsicha, Almôndega e Carne Desfiada

Rende cerca de 3 xícaras

Esta preparação instantânea é uma mistura seca feita de grãos integrais e legumes que você simplesmente mistura com água quente e temperos para fazer hambúrguer, salsicha, almôndega ou carne desfiada. Mantive a base simples para que você possa personalizá-la com seus temperos e ingredientes preferidos, assim você poderá soltar a criatividade e transformá-la em carne desfiada para taco, salsicha para o café da manhã ou hambúrguer. Fiz algumas sugestões de como usá-la. Mantenha a receita original ou divirta-se com ela!

1 xícara de lentilha vermelha (use apenas lentilhas vermelhas, pois hidratam e cozinham mais rapidamente que as outras variedades)

1 xícara de triguilho ou arroz integral

½ xícara de nozes-pecãs cruas

1 colher de sopa de alho granulado

½ xícara de cebola desidratada, ou mais

2 colheres de sopa de alho granulado

½ xícara de levedura nutricional (ver o Glossário)

¼ de xícara de semente de linhaça ou chia

2 colheres de chá de sal marinho

2 colheres de chá de goma xantana (ver a Observação)

1 colher de chá de pimenta-do-reino moída na hora

Bata todos os ingredientes no liquidificador até que tudo se reduza a uma mistura de textura granulada e arenosa. Não bata demais a ponto de ficar lisa como farinha; ela deve manter certa granulosidade. Armazene a mistura num frasco em temperatura ambiente por até 2 meses ou na geladeira por até 6 meses.

Para fazer hambúrguer, salsicha e carne desfiada

Para cada xícara de mistura, use cerca de ¾ de xícara de água ou caldo fervente. Coloque a mistura numa tigela. Adicione temperos a gosto: ervas como manjericão, orégano, tomilho, alecrim; pimenta em pó, cominho, páprica, alho e cebola em pó ou temperos para taco. Despeje a água fervente sobre a mistura e mexa bem. Tampe a tigela e deixe descansar por cerca de 15 minutos, até que o líquido seja completamente absorvido. A mistura ficará pegajosa. Agora você pode transformá-la num jantar. Para formar hambúrgueres ou salsichas, molde-os com as mãos e frite numa frigideira untada até ficarem firmes. Depois de fritos, eles podem ser reaquecidos na churrasqueira. Para formar uma carne desfiada básica, aqueça cerca de 2 colheres de sopa de óleo, de qualquer tipo, numa frigideira antiaderente. Cozinhe a mistura em fogo baixo, mexendo e desfiando com uma espátula, por cerca de 10 minutos. No início, parecerá impossível que a mistura pegajosa se transforme em carne desfiada, mas ela vai se firmar.

Para fazer almôndegas (serve 4 pessoas)

Preaqueça o forno a 180 °C. Hidrate 1 xícara da mistura seca, combinando-a com ¾ de xícara de água quente, numa tigela grande. Num processador de alimentos, pulse 1½ xícara de champignons ou cogumelos cremini até que estejam bem picados, mas não virem purê. Adicione-os à tigela com a mistura. Em seguida, adicione 1½ xícara de farinha de rosca, 3 colheres de sopa de extrato de tomate, 1 colher de sopa de alho picado, 2 colheres de chá de manjericão desidratado, 1 colher de chá de alecrim desidratado e ½ colher de chá de manjerona (ou adicione apenas 1 colher de sopa de um mix de ervas italianas em vez de manjericão, alecrim e manjerona) e misture bem. Tempere com sal marinho e pimenta-do-reino moída na hora. Modele almôndegas de 2,5 cm ou maiores e asse numa assadeira untada por cerca de 25 minutos, até ficarem firmes.

Para fazer hambúrgueres defumados com queijo (serve 4 pessoas)

Hidrate 1 xícara da mistura seca, combinando-a com 4 xícaras de água quente, numa tigela grande. Num processador de alimentos, pulse 1½ xícara de champignons ou cogumelos cremini, até que estejam bem picados, mas não virem purê. Adicione-os à tigela com a mistura, depois acrescente cerca de 180 gramas de queijo vegano defumado ralado ou esfarelado (como muçarela defumada) e 3 colheres de sopa de molho barbecue da sua preferência. Misture bem. Modele os hambúrgueres e aqueça de 1 a 2 colheres de sopa de óleo neutro numa frigideira em fogo médio. Frite até dourarem dos dois lados, cerca de 3 minutos de cada lado.

Observação: goma xantana é um subproduto natural da fermentação de açúcar com uma bactéria específica chamada *Xanthomonas campestris*. Ela pode ajudar a unir ingredientes no lugar do ovo ou de outros coagulantes. Está disponível em lojas de alimentos naturais e na internet.

Tender Chinês

Este método tradicional budista para fazer "carne de porco" é popular em várias partes da Ásia. Experimentei um prato delicioso de carne de porco e macarrão no Vietnã, que usava esse estilo de preparo. Ele pode ser usado numa variedade de pratos, como refogados, sopas, como guarnição para tigelas ou em guiozas (ver Guioza de Carne de Porco, Shitake e Cebolinha, p. 19). A fritura inicial da massa de glúten de trigo crua, seguida de cozimento lento, cria uma textura única e gordurosa. É importante começar com uma massa bem macia para garantir que o tender ficará macio também.

1 xícara de água

1 xícara mais 2 colheres de sopa de glúten de trigo vital (ver o Glossário)

Óleo neutro para fritura, como o de girassol, canola, semente de uva ou abacate

3 xícaras de caldo de legumes

1 colher de sopa de açúcar

2 colheres de sopa de molho de soja ou tamari

½ colher de chá de fumaça líquida (opcional)

Despeje a água numa tigela média. Usando uma espátula de borracha ou colher de pau, misture o glúten de trigo até obter uma massa macia.

Despeje o óleo numa frigideira funda, wok ou panela, de modo que tenha profundidade de pelo menos 5 cm, e aqueça a 190 °C, ou até que um pequeno pedaço de massa colocado no óleo suba rapidamente à superfície. Parta pedaços de massa do tamanho de colheres de sopa e estique-os com as mãos para deixá-los o mais fino possível (eles podem ter formas irregulares). Coloque-os no óleo. Eles vão inflar e dourar como bolinhos, em cerca de 2 minutos. Vire para fritar o outro lado por mais 1 minuto. Quando estiverem dourados e inflados, remova-os com uma escumadeira e escorra em papel-toalha.

Leve o caldo de legumes, o açúcar e o molho de soja para ferver numa panela em fogo alto e depois reduza para fogo baixo. Adicione os pedaços de porco fritos, tampe a panela e deixe cozinhar em fogo médio-baixo por cerca de 30 minutos, até que o líquido tenha reduzido a aproximadamente 1/3, e o porco esteja macio e suculento. O Tender Chinês pode ser refrigerado no caldo de cozimento por 1 semana ou congelado por até 3 meses (descongele antes de usar).

Tender Vegano

Rende cerca de 1 quilo

Tenho um lugarzinho especial no meu coração para os porcos (bem, para todos os animais). Mas uma costeleta de porco foi a última carne que vi quando decidi me tornar vegetariana aos 12 anos. Estava ansiosa para comer aquela costeleta depois de uma viagem escolar onde eu tinha passado alguns dias num acampamento comendo comida vegetariana sem graça. Mas, quando minha mãe colocou minha carne favorita na minha frente, de repente fiz uma conexão e empurrei o prato para longe. Nunca mais voltei a comer carne. Porco não era mais comida para mim. Era um porquinho, assim como Goober (ver p. 66) e Oliver (ver a seguir).

Embora não possa dizer que realmente me lembre do sabor da carne de porco, lembro do que gostava nela. Era macia, saborosa, cheia de umami e gordurosa. Acho que é isso que todos nós queremos quando comemos uma alternativa à carne: algo que tenha as qualidades da carne sem ser carne. Acredito que esta receita realmente consiga isso. Precisei fazer muitas tentativas para acertar, mas esta versão de "carne de porco" é suculenta, saborosa, cheia de umami e muito versátil. Experimente o incrível Porco Glaceado com Mostarda, Purê de Raízes e Feijão com Alho (p. 128); o Tender vegano Recheado com Cebolas, Alho-Poró e Maçã (p. 130); o Tonkatsu, Costeletas de Porco Fritas Japonesas (p. 62), ou crie os próprios pratos especiais.

Conheça os animais

Oliver, um porco de tonalidade acobreada, chegou ao Rancho Compasión pesando apenas 15 quilos, um pequeno travesso que escapou do destino de ser um leitão (todos os irmãos dele foram para o abate). Quando era pequeno, ele entrava em casa e se deitava na cama dos cachorros, enquanto nossos cães ficavam com cara triste. Ele ia fazer trilhas pelas colinas com os cachorros e corria quando eles corriam. Infelizmente, apenas um ano após sua chegada, pesando quase 300 quilos, Oliver sofreu uma grave infecção óssea que o levou à morte. Ele não era apenas o maior em tamanho, mas o maior em personalidade, trazendo um sorriso a todos que entravam em contato com ele. Em seu enterro, não havia quem não estivesse com lágrimas nos olhos. Ele tocara muitos corações com seu jeito bobalhão, seu amor e sua personalidade.

A RECEITA CONTINUA ➤➤

CARNE DE PORCO

250 gramas de shimeji

½ xícara de água

¼ de xícara de óleo neutro, como o de girassol, canola, abacate ou semente de uva

1 colher de sopa de Aminoácidos Líquidos Bragg (ver o Glossário) ou molho de soja

1 colher de sopa de cebola em pó

1 colher de chá de fumaça líquida (opcional)

½ colher de chá de sal marinho

1¾ xícara de glúten de trigo vital (ver o Glossário)

½ xícara de proteína de ervilha em pó sem açúcar (ver o Glossário)

LÍQUIDO DO COZIMENTO

1 xícara de caldo de legumes

½ xícara de óleo neutro, como o de girassol, canola, abacate ou semente de uva

2 colheres de sopa de Aminoácidos Líquidos Bragg (ver o Glossário)

1 colher de chá de açúcar

Preaqueça o forno a 180 °C.

Faça a "carne de porco": num processador de alimentos, misture os shimejis, a água, o óleo, os aminoácidos líquidos, a cebola em pó, a fumaça líquida e o sal e processe até obter uma pasta grossa. Ela deve ter textura rústica; não processe demais, senão ficará muito lisa. Transfira para uma tigela e adicione 1½ xícara de glúten de trigo; misture bem. Misture a proteína de ervilha e amasse até começar a ficar firme; em seguida, adicione mais ¼ de xícara de glúten de trigo e amasse até que não haja partes secas na massa. Molde como quiser: você pode dividir a massa em 4 a 6 pedaços e achatar para moldar os bifes ou modelar a massa toda em forma de rolo.

Numa panela de ferro fundido ou travessa funda resistente ao calor, faça o líquido de cozimento: despeje o caldo, o óleo, os aminoácidos líquidos e o açúcar. Coloque a massa, tampe e leve ao forno. Asse por 40 a 60 minutos, dependendo do tamanho, virando a cada 20 minutos, aproximadamente. Deve sobrar algum líquido na travessa, então retire antes que ele seque por completo. Use imediatamente, refrigere por até 1 semana ou congele por vários meses e descongele antes de usar.

Costelas ao Molho Barbecue de Abacaxi

Serve 6 pessoas

Estas costelas irresistíveis são livres de glúten e feitas com palitos de yuba, forma de yuba desidratada (a pele que se forma sobre o leite de soja quando aquecido), que você encontra em mercearias de produtos orientais e na internet. Se encontrá-la, provavelmente ficará intrigado com sua aparência estranha, pois ela parece pedaços de papel amarelado com cerca de 30 centímetros de comprimento. Quando são deixadas de molho, elas se tornam maleáveis e, quando assadas, ficam com a textura da carne. Basta cobri-las com molho barbecue e colocá-las no forno, e você terá costelas convincentes sem muito trabalho.

Para fazer as costelas, você precisa começar um dia antes, pois os palitos de yuba precisam ficar de molho por cerca de 24 horas. Mas isso é tudo: você só precisa colocá-los num recipiente com água. Para o molho barbecue, adicionei um toque tropical com o abacaxi, mas você pode substituir por qualquer molho barbecue comprado pronto, se preferir. Essas costelas são saborosas mesmo em temperatura ambiente, por isso você pode levá-las a um piquenique (só não se esqueça de levar também muitos guardanapos!).

450 gramas de palitos de tofu seco ou palitos de yuba (ver o Glossário)

1½ xícara de abacaxi fresco picado

1 xícara de extrato de tomate

¾ de xícara de água

3 colheres de sopa de molho de soja ou tamari

3 colheres de sopa de vinagre de maçã ou vinagre balsâmico, ou uma combinação dos dois

2 colheres de sopa de açúcar mascavo

2 colheres de sopa de chipotles em molho adobo

2 colheres de sopa de pasta ou concentrado de tamarindo

6 dentes de alho descascados

1 colher de chá de páprica defumada (se você gosta de pimenta, use páprica defumada picante)

1 colher de chá de cominho em pó

⅓ a ½ xícara de azeite de oliva

No dia anterior, coloque os palitos de yuba numa forma retangular grande ou num recipiente fundo o suficiente para acomodar o conteúdo da embalagem e cubra completamente com água. Tampe o recipiente e deixe de molho na geladeira ou numa parte fresca da cozinha por 12 a 24 horas. Inicialmente, eles flutuarão, mas, à medida que absorverem a água, ficarão submersos. Se deixar de molho em água quente, isso vai acelerar esse processo, e as costelas estarão prontas em 12 horas ou menos; com água fria, levará até 24 horas.

O molho barbecue pode ser feito a qualquer momento: no dia anterior, no dia da preparação ou até 1 semana antes. Para fazê-lo, coloque o abacaxi, o extrato de tomate, a água, o molho de soja, o vinagre, o açúcar, as chipotles, o tamarindo, o alho, a páprica defumada e o cominho num liquidificador e bata até ficar homogêneo. Isso renderá quase 4 xícaras, um pouco mais do que você precisa para a receita; armazene num frasco de vidro na geladeira e use em outras ocasiões.

Quando estiver pronto para assar, preaqueça o forno a 200 °C. Forre uma assadeira (ou duas) com papel-manteiga. Unte com azeite de oliva.

Escorra a água dos palitos de yuba. Envolva-os no molho barbecue e espalhe-os na assadeira preparada; misture delicadamente para que fiquem cobertos do azeite na assadeira. Asse por 30 minutos até dourarem ou mesmo ficarem um pouco queimados em algumas partes. Misture com mais molho barbecue e sirva. Eles também ficam excelentes no dia seguinte.

Carne de Porco Desfiada de Cogumelo Eryngui

Rende cerca de 350 gramas

A carne de jaca é o que todo mundo está usando para fazer carne desfiada vegana, mas prefiro estes cogumelos. Embora tenham textura mais delicada que carne de verdade ou outros substitutos dela, essa combinação defumada e suculenta funciona maravilhosamente numa variedade de pratos, como tacos, enchiladas ou sanduíches, misturada com macarrão ou arroz, ou como destaque nos Tacos de Carnitas de Cogumelo Eryngui (p. 90), ou nos Croquetes de Carne de Porco Desfiada com Alho-Poró e Molho Cheddar de Porcini (p. 119).

450 gramas de cogumelos eryngui

3 colheres de sopa de molho de soja ou tamari

2 colheres de sopa de azeite de oliva

1 colher de sopa de xarope de bordo

1 colher de chá de páprica defumada (ou use um defumador; ver a Variação)

Óleo para saltear, como azeite ou óleo de girassol, canola, abacate ou semente de uva

Passe os dentes de um garfo ao longo dos cogumelos para desfiá-los. Numa tigela, misture o molho de soja, o azeite, o xarope de bordo e a páprica defumada. Adicione os cogumelos e misture bem para envolvê-los. Marine por cerca de 10 minutos antes de cozinhar.

Aqueça 1 ou 2 colheres de sopa de óleo numa frigideira e salteie os cogumelos por cerca de 5 minutos, até dourarem. Use imediatamente ou armazene por até 3 dias na geladeira e reaqueça quando necessário.

Variação

Carne de Porco Defumada na Panela: siga as instruções acima, mas exclua a páprica defumada. Coloque os cogumelos na bandeja do defumador e siga as instruções do fabricante para a quantidade de lascas de madeira a serem usadas. Defume por cerca de 10 minutos e depois desligue o fogo, deixando a "carne" descansar na fumaça por mais 15 minutos. Você pode comê-la assim mesmo ou fritá-la em algumas colheres de óleo, até dourar e ficar um pouco crocante.

Bacon de Cogumelo Eryngui

Rende em torno de 300 gramas

Para todos os amantes de bacon que dizem que nunca poderiam abrir mão dele, bem, você não precisa. Os cogumelos eryngui têm textura gordurosa e sedosa, além de mastigação que lembra o bacon. Se você estiver com pressa, pode simplesmente fritá-los numa frigideira, mas eles ficam mais crocantes quando assados. Seja num sanduíche ou servidos ao lado de ovos mexidos veganos, eles vão satisfazer aos seus amigos carnívoros mais obstinados. Embora possam ser usados em diversos pratos, incluindo a Salada Coob Vegana com Molho Buffalo (p. 25) e Couve-de-Bruxelas Assadas com Bacon e Vinagre Balsâmico (p. 26), eles são igualmente deliciosos em forma de espetinhos e servidos como aperitivo.

250 gramas de cogumelos eryngui (escolha os maiores que encontrar)

2 colheres de sopa de óleo, como azeite, girassol, canola, abacate ou semente de uva, mais um pouco para untar a assadeira

2 colheres de sopa de levedura nutricional

1½ colher de sopa de molho de soja, tamari ou Aminoácidos Líquidos Bragg (ver o Glossário)

1 colher de chá de fumaça líquida

1 colher de sopa de xarope de bordo (opcional, para bacon ao estilo canadense)

Corte os cogumelos em fatias no sentido do comprimento, com cerca de 6 mm de espessura. Numa tigela, misture o azeite, a levedura nutricional, o molho de soja e a fumaça líquida. Para bacon ao estilo canadense, adicione o xarope de bordo. Misture as fatias de cogumelo e deixe marinar por cerca de 30 minutos. Embora pareçam secos no início, vão liberar seu suco e, após uns 10 minutos, ficarão imersos na marinada.

Preaqueça o forno a 200 °C. Unte uma assadeira com óleo.

Coloque as fatias na assadeira preparada, certificando-se de que não estejam sobrepostas. Asse por cerca de 20 minutos, vire e asse por mais 15 a 20 minutos, até dourarem. Eles são melhores quando consumidos assim que ficam prontos, mas podem ser refrigerados por alguns dias e adicionados frios a saladas e sanduíches.

Variação

Bacon de Cogumelo Defumado: se você seguiu meu conselho na receita da Pancetta ou Tofu Defumado (p. 200) e investiu numa defumadora portátil barata, faça a marinada como descrevi, mas não acrescente a fumaça líquida. Marine os cogumelos por pelo menos 30 minutos ou até alguns dias, se desejar. Em seguida, defume-os na defumadora por cerca de 20 minutos, seguindo as instruções do fabricante. Você pode armazenar o bacon na geladeira por até 1 semana após defumar. Antes de servir, sele o bacon por 2 a 3 minutos de cada lado, numa frigideira untada, até dourar.

Bifes de Cogumelo Juba-de-Leão

Rende de 4 a 8 bifes

Adoro a ideia de colher cogumelos na natureza e, embora tenha encontrado alguns cogumelos cantarelos na floresta, em algumas ocasiões (e sobrevivi para contar a história), a maior parte da minha busca por eles é feita numa loja chamada Berkeley Bowl, que tem a maior variedade de cogumelos imagináveis. Toda vez que tenho a chance de ir lá, acabo levando para casa cogumelos exóticos que nunca tinha visto antes. Lembro-me de vários anos atrás ter chegado em casa com essas bolinhas brancas e fofas e jogado na grelha para ver como ficariam apenas regadas com um pouco de azeite e salpicadas de sal. Maravilhei-me ao vê-las encolher e escurecer, ficando com a aparência de um pedaço de bife. Esses cogumelos não são muito diferentes dos cogumelos *puffballs*, que também respondem bem ao mesmo tratamento e se transformam num bife suculento, carnudo e satisfatório. Não vamos fingir que têm exatamente o mesmo sabor de carne grelhada, mas eu ficaria surpresa se um amante de carne não gostasse deles. Sirva com uma porção de batatas assadas com alecrim e celebre todos os sabores e texturas incríveis do reino vegetal.

TEMPERO PARA OS BIFES DE COGUMELO

2 colheres de sopa de pimenta-do-reino moída na hora

2 colheres de sopa de azeite, mais um pouco para fritar

1 colher de chá de alho em pó

1 colher de chá de tomilho desidratado

½ colher de chá de sálvia em pó

700 gramas de cogumelos juba-de-leão (4 a 8 cogumelos)

MARINADA

¼ de xícara de azeite

¼ de xícara de vinho tinto

1 colher de sopa de molho de soja, tamari ou Aminoácidos Líquidos Bragg (ver o Glossário)

1 colher de sopa de saquê mirin

1 colher de chá de tomilho desidratado

½ colher de chá de pimenta-do-reino moída na hora

2 dentes de alho picados

2 colheres de sopa de suco de beterraba para dar cor (opcional)

Numa tigela pequena, prepare o tempero: misture a pimenta, o azeite, o alho em pó, o tomilho e a sálvia. Esfregue os cogumelos nessa mistura. Aqueça uma frigideira em fogo médio e pincele levemente com azeite. Coloque os cogumelos na frigideira e frite até que fiquem dourados na parte de baixo. Vire-os e use uma tampa para pressioná-los, de modo que achatem. Eles vão soltar uma quantidade considerável de suco, que vai evaporar na frigideira. Quando estiverem dourados dos dois lados e achatados, desligue o fogo.

Faça a marinada: misture o azeite, o vinho tinto, o molho de soja, o saquê mirin, o tomilho, a pimenta e o alho. Adicione o suco de beterraba. Coloque os cogumelos num recipiente raso e despeje a marinada sobre eles. Cubra e marine na geladeira por pelo menos 2 horas ou até 8 horas.

Logo antes de servir, aqueça uma frigideira e adicione 1 colher de sopa ou mais de azeite. Retire os cogumelos da marinada e sele-os em fogo alto dos dois lados por 3 a 4 minutos, até dourarem. Sirva em seguida.

Prosciutto

Esta é uma versão notável de presunto que pode ser usada para envolver aspargos ou melão ou servir como recheio para sanduíches. Por ser feito de papel de arroz, ele se dissolve em líquidos, então não é algo que funcione em sopas. Também é uma embalagem adorável para o Tender vegano Recheado com Cebola, Alho-Poró e Maçã (p. 130).

Aproximadamente ½ xícara de azeite de oliva

¼ de xícara de suco de beterraba ou 2 fatias finas de beterraba vermelha para dar cor

1 xícara de caldo de legumes

¼ de xícara de Aminoácidos Líquidos Bragg (ver o Glossário)

2 colheres de chá de açúcar

2 colheres de chá de fumaça líquida

Até 50 folhas de papel de arroz

(ver o Glossário; 1 folha rende 1 fatia de presunto)

Deixe o azeite pronto numa tigela pequena.

Se estiver usando suco de beterraba, misture-o com o caldo, os aminoácidos líquidos, o açúcar e a fumaça líquida numa tigela ou num copo medidor. Se estiver usando beterrabas fatiadas, bata-as no liquidificador com o caldo, os aminoácidos líquidos, o açúcar e a fumaça líquida, até que não haja mais pedacinhos de beterraba. Se seu liquidificador não for de alta velocidade e restarem pedaços de beterraba, coe a mistura com uma peneira. Despeje esse líquido numa assadeira redonda de 22 cm de diâmetro ou numa forma de bolo. Coloque de 3 a 4 folhas de papel de arroz na marinada e deixe por 2 a 3 minutos, até amolecerem. Retire uma folha de cada vez e, com as mãos, espalhe azeite generosamente dos dois lados das folhas. O azeite evita que grudem umas nas outras. Depois de untadas, você pode dobrá-las ao meio e empilhar todas as folhas, e elas não vão grudar. Repita com as folhas restantes.

Essa marinada é suficiente para até cerca de 50 folhas. Provavelmente, você não fará tantas, mas não adianta fazer uma quantidade menor de marinada, pois ela não será intensa o suficiente para preparar o presunto.

O presunto pode ser armazenado, bem coberto, na geladeira, por até 1 semana.

Variação

Melão com Presunto e Manjericão: a tradicional receita de melão com presunto fica ainda melhor com esse Prociutto e uma folhinha de manjericão. Corte o melão em fatias de aproximadamente 10 cm de espessura, coloque uma folha pequena de manjericão em cima e embrulhe com meia folha de Prociutto. Um aperitivo delicioso e muito simples.

Pancetta ou Tofu Defumado

Rende 350 gramas

A pancetta, a densa barriga de porco salgada e defumada que é a estrela do Carbonara da Lua (p. 168) e de outros pratos, muitas vezes é substituída, na Itália, por tofu defumado de alta qualidade. Infelizmente, não consegui encontrar nenhum tofu defumado nos Estados Unidos que se aproxime do que provei na Itália. Talvez porque a nossa preferência pela praticidade leve os fabricantes norte-americanos de tofu a usarem a fumaça líquida em vez de um defumador de fato. Então, digo: vá a uma loja de utensílios de cozinha e compre um defumador, portátil de fogão! Sei que não há fim para a quantidade de eletrodomésticos e aparelhos tecnológicos de cozinha que podemos comprar, muitos dos quais usados apenas uma vez e que acabam sendo esquecidos no fundo do armário. Contudo, se você gosta de sabores defumados, me faça um favor e gaste um pouco num defumador de fogão. Toda a fumaça líquida do mundo não pode fazer justiça à pancetta, à carne de porco desfiada ou a uma série de outros pratos veganos (Pronto, falei!), mas, considerando que a maioria das pessoas não tem um defumador, forneci instruções para fazer esta receita no forno, com fumaça líquida.

Conheça os animais

Para que serve a barriga de porco? Para alguns, é para fazer pancetta. Para mim, é para fazer carinho. Depois de comer, receber carinho na barriga é a atividade favorita dos porquinhos grandes e pequenos. Sejam os nossos porquinhos de estimação ou os porcos grandes das fazendas, eles adoram se deitar e receber uma massagem na barriga. Vocês deveriam ver o sorriso na carinha deles! Que todas as barrigas de porco sirvam apenas para receber carinho, não para servir de comida!

450 gramas de tofu de consistência extrafirme, do tipo embalado a vácuo (não o tipo que vem numa embalagem plástica com água)

¼ de xícara de Aminoácidos Líquidos Bragg (ver o Glossário) ou molho de soja

3 colheres de sopa de óleo de semente de abóbora torrado (preferencialmente) ou azeite de oliva

1 colher de chá de açúcar ou xarope de bordo

2 colheres de chá de fumaça líquida (se estiver usando o forno em vez do defumador)

Corte o tofu em fatias de 1,5 cm de espessura. Coloque todas as fatias em várias camadas de papel-toalha e cubra com mais papel-toalha. Coloque um peso sobre as fatias de tofu (uma panela com água ou algo assim) e espere 30 minutos ou mais. Troque o papel-toalha e repita o procedimento por mais 30 minutos. O tofu deve ficar bem firme.

Num recipiente raso, misture os aminoácidos líquidos, o óleo de semente de abóbora e o açúcar; se for assar o tofu em vez de defumá-lo, adicione a fumaça líquida. Coloque as fatias de tofu na mistura e envolva-as bem, deixando-as marinar em seguida por pelo menos 3 horas ou até 24 horas.

Método do defumador

Prepare o defumador seguindo as instruções do fabricante. Geralmente, há uma bandeja de metal com o defumador. Pincele-a com óleo. Coloque as fatias de tofu nela e despeje a marinada restante por cima. Cubra o defumador, ajuste o calor para baixo e defume por cerca de 45 minutos, até que o tofu fique bem dourado.

Método do forno

Preaqueça o forno a 150 °C. Coloque o tofu numa assadeira rasa que possa acomodar as fatias numa camada única e despeje a marinada restante por cima. Cubra a assadeira com papel-alumínio. Asse por 1 hora, depois vire as fatias e asse por mais 1 hora. O tofu deve ficar bem dourado e denso.

Você pode armazenar a pancetta na geladeira por 1 semana.

Frango Suculento Caseiro

Esta receita começou como adaptação do meu versátil Peito de "Frango" do livro *The Homemade Vegan Pantry*, mas deu algumas reviravoltas e ficou melhor depois que encontrei nova inspiração no meio do caminho, incluindo o segundo método, que surgiu quando descobri que estava sem alguns ingredientes depois de já ter começado a cozinhar (agora você sabe que nem sempre estou preparada!). Na receita original que publiquei em *The Homemade Vegan Pantry*, os filés de frango são envolvidos em yuba (às vezes conhecida como pele de tofu) para formar uma pele suculenta e saborosa. Nessa receita, decidi adicionar a yuba na mistura da carne, o que ajudou a criar uma textura mais carnuda e esfarelada, que não era uma massa sólida como a maioria das receitas de carne de glúten. A segunda melhoria ocorreu quando estava medindo o glúten de trigo e percebi que não tinha o suficiente e estava faltando uma xícara. Então, substituí por proteína de ervilha, que deu uma textura ainda melhor ao frango, embora a primeira versão também fosse deliciosa. Faça de qualquer maneira; você não vai se decepcionar.

O Frango Suculento Caseiro tem papel central no Melhor Frango Frito de Todos os Tempos (p. 38). É magnífico para o Frango Assado de Rotisseria (p. 44), especialmente porque ainda não há nada no mercado que seja um frango inteiro grande e bonito. E, embora existam alguns "filés de frango" por aí, o Peito de Frango Recheado com Abóbora e Molho de Romã com Champagne (p. 108) fica melhor com essa receita.

450 gramas de tofu de consistência média ou média-firme

⅓ de xícara mais 3 colheres de sopa de óleo neutro, como o de girassol, canola, abacate ou semente de uva

⅓ de xícara de água

⅓ de xícara de levedura nutricional (ver o Glossário)

2 colheres de sopa de caldo de galinha vegano, caldo de galinha vegano em pó ou 4 cubos de caldo de galinha vegano (se estiver usando cubos de caldo, dissolva-os na água primeiro)

1 colher de sopa de cebola em pó

1 colher de sopa de alho em pó

180 gramas de yuba congelada ou 250 gramas de yuba fresca

3 xícaras de glúten de trigo vital ou 2 xícaras de glúten de trigo vital e ¾ de xícara de proteína de ervilha em pó sem açúcar (ver o Glossário)

4 xícaras de caldo de galinha vegano

2 colheres de sopa de molho de soja ou tamari

Num processador de alimentos, coloque o tofu, ⅓ de xícara de óleo, a água, a levedura nutricional, o caldo de galinha vegano, a cebola em pó e o alho em pó e processe até a mistura ficar homogênea. Se a yuba estiver congelada, deixe de molho numa tigela com água por 2 a 5 minutos, até amolecer e ficar mais branca; em seguida, esprema suavemente o excesso de água. Se estiver fresca, não é necessário deixá-la de molho. Parta grosseiramente a yuba com as mãos e adicione ao processador de alimentos. Pulse por alguns segundos, até que ela fique picada em pedaços grandes e flocados, mas não a ponto de virar uma pasta. Transfira para uma tigela e misture o glúten de trigo. Numa superfície limpa, amasse a mistura por 5 a 6 minutos, até ficar firme o suficiente para ser enrolada num filão com cerca de 10 cm de diâmetro. (Você pode amassar por 10 a 15 minutos, se preferir mais firme.)

Para os filés, corte o filão em 12 fatias. Para fazer um frango inteiro, molde-o da melhor maneira possível numa forma grande oval ou redonda.

Para cozinhar, se estiver fazendo os filés, aqueça as 3 colheres de sopa restantes de óleo numa frigideira grande e funda. Se estiver fazendo um frango inteiro, aqueça o óleo numa panela pesada que seja pelo menos duas vezes maior que o frango. Adicione o frango na frigideira ou na panela e frite dos dois lados em fogo médio até dourar, cerca de 3 a 4 minutos de cada lado. Despeje caldo suficiente para cobrir o frango e adicione o molho de soja. Cubra e deixe ferver; em seguida, reduza o fogo para manter fervura lenta e cozinhe por 30 a 60 minutos (30 minutos para as fatias, até 60 minutos para um frango inteiro).

O Frango Suculento Caseiro pode ser armazenado na geladeira por até 4 dias ou no freezer por até 6 meses (descongele antes de usar).

Frango Assado Saboroso

Entendo como é. Você folheia um livro de receitas e sente vontade de fazer uma receita como O Melhor Frango Frito de Todos os Tempos (p. 38) ou o Frango Assado de Rotisseria (p. 44). Mas então verifica a despensa e constata que não tem os ingredientes mais difíceis (talvez seja o glúten de trigo vital, ou a yuba, e você não consegue encontrá-los em sua cidade). Então, queria oferecer uma receita usando um ingrediente onipresente: farinha de trigo comum. Era assim que eu fazia meus substitutos à carne trinta anos atrás, quando o glúten de trigo vital nem estava disponível; e as receitas de carne de glúten do meu primeiro livro de culinária, de 1990, apresentavam esse método. Mas, é claro, ele é anterior a mim; é assim que monges e budistas da Ásia têm feito glúten ou seitan (carne de glúten) há séculos: apenas com farinha comum. Sim, leva um pouco mais de tempo e requer mais disposição, mas os resultados são incríveis, como descobri recentemente quando voltei a usar esse método depois de décadas. Eu tinha realmente esquecido quanto ele era bom, pois havia me encantado com a conveniência do glúten de trigo vital. Então agora estou resgatando-o e espero que você experimente.

Este frango tem muito sabor e ótima textura levemente fibrosa. Altamente versátil, pode ser usado em qualquer receita deste livro que peça frango; é um substituto perfeito para o Frango Suculento Caseiro em tudo. Modele-o da maneira que quiser, em filés, pedaços ou inteiro para o Frango Assado de Rotisseria.

O que acontece aqui é quase mágico: você faz uma massa firme de farinha e água e depois trabalha a massa em panelas de água para remover o amido (e o farelo, se usar trigo integral). No final, você fica com uma massa muito menor de algo elástico que é a proteína concentrada. É realmente surpreendente. A quantidade final vai depender da força da farinha, ou seja, do teor de proteína. A farinha comum vai render cerca de 740 a 800 gramas, mas o uso de uma farinha de pão com alto teor de proteína pode resultar em 900 gramas. Só não use farinha para bolos. Mais uma coisa: a farinha de trigo integral também funciona, fornecendo uma "carne" mais escura, enquanto a comum vai dar uma carne branca.

10 xícaras de farinha de trigo comum, integral ou de pão

Aproximadamente 5 xícaras de água

3 colheres de sopa de fermento nutricional (ver o Glossário)

3 colheres de sopa de óleo neutro, como o de girassol, canola, abacate ou semente de uva, e mais um pouco para assar

2 colheres de sopa de missô de grão-de-bico ou branco

1 colher de sopa de base de frango vegana

Coloque a farinha numa tigela grande e adicione 4½ xícaras de água, misturando bem até formar uma massa firme. Se a massa tiver partes secas, adicione a ½ xícara adicional de água, aos poucos, para incorporar. A massa deve ficar mais firme que a de pão normal. Amasse por 1 ou 2 minutos para deixá-la lisa; em seguida, cubra a tigela com um pano e deixe descansar por 1 hora. Dê uma volta, brinque com seus cachorros, vá fazer outra coisa; a massa não vai a lugar algum. Talvez seja melhor não levantar pesos, no entanto, porque seus braços vão se exercitar um pouco na próxima etapa.

Quando retornar, transfira a massa para a maior panela ou recipiente que você tiver. Encha-a com água até cobrir e comece a amassar a massa na água. O amido começará a sair, deixando a água muito branca. Continue fazendo isso por alguns minutos e, em seguida, despeje a água e encha a panela novamente com água limpa. Repita o processo de amassar. A massa passará por uma etapa em que parece estar se despedaçando; não se preocupe, tudo se juntará novamente à medida que todo o amido for eliminado. Quando isso começar a acontecer, troque a água usando um escorredor para incorporar quaisquer pedaços soltos.

Continue o processo de lavagem mais três ou quatro vezes, até que a água fique relativamente limpa. Isso significa que você lavou a maior parte ou todo o amido e deve ter uma massa elástica e coesa que se assemelha a uma grande bola de chiclete mastigado. Isso agora é chamado de glúten cru. Embora possa ser preparado de várias maneiras, inclusive cozido no vapor, fervido num caldo ou assado, descobri que o método descrito aqui é especialmente saboroso e versátil.

Preaqueça o forno a 175 °C.

Num processador de alimentos, misture o fermento nutricional, o óleo, o missô e a base de frango vegana e pulse até obter uma pasta. Adicione o glúten cru ao processador de alimentos e pulse algumas vezes para incorporar a pasta. O glúten se desfaz um pouco; isso é normal. A massa não ficará mais totalmente compacta, mas voltará a se unir durante o cozimento. Junte-a com as mãos, como puder.

Agora, unte levemente uma folha de papel-manteiga e coloque a massa no centro, formando o mais próximo possível de um "frango inteiro". Envolva a massa no papel-manteiga e, em seguida, embrulhe tudo em papel-alumínio. Asse por cerca de 1 hora, até que o glúten não esteja mais cru.

Corte em fatias, pedaços, cubos, filés ou use-o inteiro para qualquer receita vegana de frango deste livro. Ele pode ser armazenado na geladeira por até 4 dias ou no freezer por até 6 meses (descongele antes de usar). Aproveite!

O LIVRO DE RECEITAS DAS CARNES VEGANAS

Frango de Yuba com Gengibre Refrescante

Serve de 4 a 6 pessoas

A primeira parte da receita é, na realidade, para preparar um frango caseiro fácil, com yuba, o que faz com que ele seja sem glúten (se você usar tamari). Embora este frango possa ser usado em outros pratos, como no escalope, é saboroso e refrescante, com uma marinada de gengibre que torna essa receita perfeita para um jantar de verão, em saladas ou com uma tigela de arroz.

FRANGO

250 gramas de yuba congelada (ver o Glossário)

6 xícaras de caldo de galinha vegano

2 colheres de sopa de molho de soja ou tamari

2 colheres de sopa de levedura nutricional (ver o Glossário)

MARINADA

½ xícara de caldo de galinha vegano

2 colheres de sopa de molho de soja ou tamari

2 colheres de sopa de saquê

1 dente de alho picado

1 colher de sopa de gengibre ralado, ou mais a gosto

GUARNIÇÕES

¼ de xícara de cebolinha-verde picada (com as partes branca e verde-clara)

¼ de xícara de coentro fresco picado

½ xícara de amendoins torrados salgados picados (opcional)

Prepare o frango: embeba a yuba em água fria num recipiente raso, como uma assadeira de 20 cm por 30 cm, por 5 minutos. Escorra e esprema suavemente para retirar a água. Desenrole-a até que fique com uma única camada e, começando por uma ponta, enrole-a novamente, o mais apertado possível, e amarre-a com barbante de cozinha para deixar o rolo firme. Numa panela de 2 litros, misture o caldo, o molho de soja e a levedura nutricional e mergulhe o rolo de yuba nele. Leve para ferver, reduza o fogo para médio-baixo e cozinhe por 45 a 60 minutos, até ficar firme, e a massa, coesa. Deixe esfriar e depois remova o barbante. Corte em fatias de 2,5 cm.

Enquanto o frango estiver cozinhando, faça a marinada: misture o caldo de galinha, o molho de soja ou o tamari, o saquê, o alho picado e o gengibre ralado e despeje num recipiente. Coloque as fatias de frango na marinada e leve à geladeira por várias horas, preferencialmente durante a noite, ou até 24 horas. Sirva gelado, guarnecido com cebolinha-verde picada, coentro fresco picado e amendoins torrados salgados picados (opcional).

Frango de Shimeji Frito

Rende cerca de 8 pedaços grandes

Este frango frito é um prato "integral" feito com shimejis, grão-de-bico e papel de arroz. Não tenta ser exatamente como frango, mas oferece a mesma satisfação de um dos pratos favoritos dos norte-americanos. Os shimejis são parcialmente assados para ficarem o mais crocantes possível, mantendo a suculência, e depois são misturados com grão-de-bico cozido e temperos. Tudo é moldado em filés e envolto em papel de arroz, que mantém tudo compactado. Depois de empanado e frito, oferece crocância por fora e suculência por dentro, o que as pessoas adoram. Faça esta receita num jantar de domingo e verá rostos felizes à mesa.

FRANGO

700 gramas de shimeji

2 xícaras de grão-de-bico cozido

2 colheres de sopa de levedura nutricional (ver o Glossário)

2 colheres de chá de caldo de galinha vegano ou 1 cubo de caldo de galinha vegano

Aproximadamente 8 folhas de papel de arroz (ver o Glossário)

MASSA

2 xícaras de leite vegetal sem açúcar, sabor natural ou "original"

2 colheres de sopa de mostarda amarela

2 xícaras de farinha de trigo

1 colher de sopa de alho em pó

1 colher de sopa de cebola em pó

1 colher de chá de páprica defumada

1 colher de chá de sal marinho

1 colher de chá de pimenta-do-reino moída na hora

Óleo neutro para fritar, como o de girassol, canola, abacate ou semente de uva

Preaqueça o forno a 165 °C. Forre uma assadeira com papel-manteiga.

Faça o frango: corte os cogumelos em pedaços de 2,5 cm e coloque-os na assadeira preparada. Asse por 15 a 20 minutos, até que encolham e sequem um pouco, ficando com textura crocante. Eles não devem estar completamente secos. Retire do forno.

Coloque o grão-de-bico numa tigela e amasse bem, de preferência com um mixer de mão (isso também pode ser feito com um processador de alimentos, se você não se importar em lavar outro utensílio). Misture a levedura nutricional e o caldo de galinha vegano. Adicione os cogumelos assados e misture bem.

Mergulhe uma folha de papel de arroz numa tigela com água morna; em seguida, coloque-a numa superfície limpa e deixe amolecer um pouco, o que levará cerca de 30 segundos. Coloque cerca de ½ xícara da mistura no meio do papel de arroz e dobre as laterais firmemente para formar um pacotinho. Repita o procedimento com as folhas de papel de arroz e a mistura restante e reserve.

Faça a massa: coloque o leite e a mostarda num copo medidor. Numa tigela, misture a farinha com o alho em pó, a cebola em pó, a páprica defumada, o sal e a pimenta e misture bem. Reserve cerca de ½ xícara dessa mistura e coloque em outra tigela. Faça um buraco na mistura de farinha da tigela original, despeje a mistura de leite e misture bem até formar uma massa espessa.

Mergulhe os pedaços de frango na massa, passando-os, em seguida, na mistura de farinha. Coloque os pedaços empanados num prato ou numa assadeira forrada com papel-manteiga. Repita o procedimento com os pedaços restantes.

Despeje cerca de 1,5 cm de óleo numa panela funda (ou o suficiente para cobrir metade do frango) e aqueça em fogo médio-alto. Deixe aquecer até atingir cerca de 180 °C, ou até que uma gota da massa colocada nele suba imediatamente à superfície. Usando uma pinça, coloque delicadamente o frango empanado no óleo e repita o procedimento com os pedaços restantes, tendo cuidado para não encher demais a panela. Tampe e frite por 3 a 4 minutos, até que a parte de baixo do frango esteja dourada, depois vire e frite o outro lado. Retire com uma escumadeira e coloque sobre papel-toalha para escorrer. Repita o processo até que todos os pedaços de frango estejam no ponto. Sirva em seguida, enquanto estiver quente.

Variação

Frango de Shimeji com Molho: o óleo restante, por si só, é bastante saboroso e pode ser um ótimo molho. Deixe na panela cerca de ½ xícara de óleo. Ainda quente, misture cerca de ½ xícara de farinha de trigo comum e cozinhe por cerca de 2 minutos, mexendo com uma colher de pau. Ele deve borbulhar e ficar branco. Se ficar muito espesso e grudento, adicione um pouco de óleo; se ficar muito líquido, adicione um pouco mais de farinha. Isso é fácil; não se preocupe com quantidades exatas.

Agora adicione cerca de 3 xícaras de água quente e mexa vigorosamente com um batedor para remover os grumos e obter um molho cremoso (embora possa conter algumas partes fritas). Tempere com 2 a 3 colheres de sopa de molho de soja, tamari ou Aminoácidos Líquidos Bragg; 3 a 4 colheres de sopa de levedura nutricional (ver o Glossário); e 1 colher de sopa de cogumelo porcini ou outro cogumelo em pó (opcional). (Essas quantidades são aproximadas.) Mexa bem até ficar homogêneo e sirva sobre o frango (e não se esqueça do purê de batatas).

Carne de Frango Moída Caseira

Rende cerca de 600 gramas

Uma pequena variação do Frango Suculento Caseiro (p. 202) sem a yuba se transforma numa saborosa carne de frango moída "crua", que pode ser usada em ensopados, enchiladas, tacos, guiozas – você decide. É um ótimo ingrediente para manter no freezer e usar sempre que precisar de uma proteína rápida e fácil.

250 gramas de tofu de consistência média ou média-firme

5 colheres de sopa de óleo neutro, como o de girassol, canola, abacate ou semente de uva

¼ de xícara de água

3 colheres de sopa de levedura nutricional (ver o Glossário)

1 colher de sopa de base de frango vegana, caldo de galinha vegano em pó ou 2 cubos de caldo de galinha vegano (se estiver usando cubos, dissolva-os na água primeiro)

2 colheres de chá de cebola em pó

2 colheres de chá de alho em pó

1½ xícara de glúten de trigo vital (ver o Glossário)

Num processador de alimentos, misture o tofu, 3 colheres de sopa de óleo, a água, a levedura nutricional, o caldo de galinha vegano, a cebola em pó e o alho em pó e processe até ficar homogêneo. Adicione o glúten de trigo e processe até formar uma bola no meio da tigela. Modele no formato de rolo e corte em fatias com espessura de 2,5 cm.

Aqueça as 2 colheres de sopa restantes de óleo numa frigideira em fogo médio-baixo e frite rapidamente as fatias nela, imersas no óleo, até ficarem levemente douradas, de 2 a 3 minutos de cada lado. Não deixe que passem de uma cor levemente dourada; do contrário, ficarão crocantes e muito secas quando moídas. Retire as fatias, corte-as ou parta-as em pedaços de 2,5 cm a 5 cm e volte a colocá-las no processador de alimentos. Pulse até que estejam picadas e se assemelhem à carne de frango moído. Esse frango está apenas parcialmente cozido, então precisará passar por algum tratamento térmico (refogar, assar ou fritar). Pode ser guardado na geladeira por até 4 dias ou no freezer por até 6 meses (descongele antes de usar).

Hambúrguer de Frango

Rende 6 hambúrgueres

Transforme parte ou toda a carne de frango moída (receita anterior) em hambúrgueres. Como essa carne não está totalmente cozida, o glúten ainda está úmido e pegajoso, o que fará com que os hambúrgueres se mantenham compactos quando moldados. Esta é uma receita flexível, então use as quantidades abaixo apenas como sugestão. Você pode ajustar as quantidades com base na quantidade de carne de frango moída que quiser usar nos hambúrgueres.

1 cebola pequena amarela ou branca cortada em oito pedaços

1 talo de aipo picado grosseiramente

1 a 2 dentes de alho descascados

600 gramas de Carne de Frango Moída Caseira (p. 210)

1 colher de chá de tempero para aves

1 a 2 colheres de chá de caldo de galinha vegano, ou 1 cubo de caldo de galinha vegano

Óleo neutro, como o de girassol, canola, abacate ou semente de uva, para fritar os hambúrgueres

Num processador de alimentos, pulse a cebola, o aipo e o alho, até ficarem bem picados. Coloque numa tigela e misture com o frango moído, o tempero para aves e o caldo de galinha vegano. Misture bem. Forme hambúrgueres, moldados com as mãos. Despeje algumas colheres de sopa de óleo numa frigideira e frite em fogo médio-baixo por 4 a 5 minutos de cada lado.

Peru Falso

Para alguns, esta receita é quase lendária. Foi criada há mais de trinta e cinco anos no meu apartamento em Tóquio, quando inventei um peru vegano feito de glúten e yuba para entreter meus amigos japoneses que estavam curiosos para conhecer o sabor da carne de peru. A receita original, feita com glúten caseiro, foi publicada no meu primeiro livro de culinária, *The Now and Zen Epicure*, antes que se pudesse encontrar o glúten de trigo vital nas lojas. Foi uma verdadeira saga fazer uma massa com farinha de trigo integral e depois lavá-la em água corrente por meia hora, até ficar parecida com chiclete mastigado.

No início dos anos 1990, comecei a servir o Peru Falso todos os anos no Dia de Ação de Graças, no meu restaurante em São Francisco, o Now and Zen, e depois, por uma década aproximadamente, eu o vendi em todo o país como concorrente da Tofurky. Até hoje as pessoas me perguntam se vou fazê-lo e vendê-lo de novo. A empresa que comprou meu negócio acabou falindo... e, com isso, o Peru Falso voou para longe e desapareceu. Mas então um fã o ressuscitou em forma de site, o unturkey.org, compartilhando a história e a receita para todos aqueles cujo Dia de Ação de Graças não era o mesmo sem ele. Por fim, postei um vídeo no YouTube, que ainda recebe muitas visualizações a cada temporada.

O Peru Falso é uma ave grande, recheada, com pele crocante e saborosa. A carne de glúten é macia e suculenta, e o líquido de cozimento, a base para um delicioso molho. Ele incorpora toda a experiência da mesa de Ação de Graças, incluindo aquelas sobras preciosas que podem ser transformadas em sopa de macarrão com Peru Falso, shepherd's pie (coberta com o purê de batatas restante) ou simplesmente em bons e velhos sanduíches de peru. Quero dizer, o que é o Dia de Ação de Graças sem sobras?

É uma receita grande com várias etapas: a carne de glúten, o tempero tão importante, o recheio e o molho. Antes de fazer qualquer coisa, *faça primeiro o tempero*. E não tenha medo dessa grande ave que não é ave; há vários passos, mas todos são viáveis. Se quiser, você pode fazer partes ou tudo isso no fim de semana anterior ao Dia de Ação de Graças (ou até mesmo semanas antes) e congelar, depois basta reaquecer no grande dia. Forneci um resumo passo a passo para que você possa ter uma ideia da sequência. Se decidir fazer tudo com dias, semanas ou

A RECEITA CONTINUA ➦

até meses de antecedência, lembre-se de que levará até 36 horas para descongelar na geladeira. Isso facilita o preparo no Dia de Ação de Graças, já que você só precisa colocá-lo no forno, regá-lo algumas vezes e fazer o molho. Geralmente, eu o preparo alguns finais de semana antes, quando estou mais folgada, congelo e tenho bastante tempo no Dia de Ação de Graças para me concentrar no purê de batatas e nos outros acompanhamentos.

1º Passo Prepare o tempero (5 minutos), que pode ser feito com antecedência e guardado na despensa.

2º Passo Misture o tempero e cozinhe a "ave" de seitan (10 minutos para misturar, 1 hora para cozinhar); você precisará de cerca de 1 metro de pano de musselina para cumprir esse passo. Ele pode ser feito 1 dia ou até 3 meses antes e guardado na geladeira (por até 36 horas) ou congelado (por até 3 meses).

3º Passo Enquanto a carne de glúten estiver cozinhando, comece a fazer o recheio (20 minutos para preparar os legumes e o pão e, em seguida, misturar); você pode fazer e rechear o Peru Falso 1 dia ou até 3 meses antes (se estiver fazendo com mais de alguns dias de antecedência, embrulhe bem e congele).

4º Passo Prepare a "pele" de yuba antes de montar o frango (5 minutos). Faça no próprio dia ou como parte de uma preparação antecipada, um dia antes ou até 3 meses antes, e congele.

5º Passo Recheie o peru e envolva-o na "pele" (15 minutos). Faça no próprio dia ou no dia anterior (ou você pode fazer isso até 3 meses antes; nesse caso, embrulhe bem e congele).

6º Passo Asse o Peru Falso, regando com o líquido algumas vezes (60 a 90 minutos antes de servir).

7º Passo Enquanto assa, faça o molho (10 minutos); é melhor fazê-lo no próprio dia, usando o líquido de cozimento descongelado.

8º Passo Aproveite! (quem sabe quantos minutos?!)

1º Passo Prepare o tempero de Peru Falso

Rende cerca de 2 xícaras

Este é um caldo instantâneo e um tempero muito saboroso. Faça a quantidade em dobro e guarde-o na despensa para outras receitas. Pode ser feito com antecedência, até mesmo meses.

2 xícaras de levedura nutricional (ver o Glossário)

2 colheres de sopa de sal marinho

2 colheres de sopa de alho em pó

2 colheres de sopa de cebola em pó

2 colheres de sopa de tomilho desidratado

2 colheres de sopa de semente de aipo

2 colheres de sopa de sálvia esfarelada

2 colheres de chá de alecrim desidratado

2 colheres de chá de páprica

2 colheres de chá de estragão desidratado

2 colheres de chá de manjerona desidratada

2 colheres de chá de pimenta-do-reino moída na hora

1 colher de chá de açafrão-da-terra em pó

1 colher de chá de gengibre em pó

Misture todos os ingredientes num liquidificador e bata até virar um pó. Transfira para um pote, onde o tempero pode ficar guardado no armário por até 3 meses.

2º Passo Faça o peru e o caldo

6 xícaras de água, mais 3,5 litros

1½ xícara de tempero (ver acima)

8 xícaras de glúten de trigo vital (ver o Glossário)

⅓ de xícara de molho de soja ou tamar

Despeje 6 xícaras de água numa tigela grande e misture ½ xícara de tempero. Usando uma colher de pau, misture o glúten de trigo, de 1 a 2 xícaras de cada vez, até obter uma massa macia. Você não precisa sovar, a menos que prefira uma carne de glúten firme (a ideia é obter uma carne macia que absorva os sucos durante o cozimento).

Estenda o pano de musselina numa superfície limpa. Molde a massa num retângulo de cerca de 35 cm a 38 cm de comprimento e cerca de 25 cm de largura. Dobre o pano de musselina sobre a carne de glúten e depois enrole-o frouxamente. Usando barbante de cozinha, amarre o rolo para mantê-lo compacto. Não precisa ficar muito apertado, pois ele vai expandir durante o cozimento.

Agora coloque a carne de glúten numa panela e despeje os 3,5 litros restantes de água sobre ele. Adicione a xícara restante de tempero e o molho de soja. Tampe parcialmente e leve para ferver, depois reduza o fogo para que fique um pouco acima da fervura e

A RECEITA CONTINUA ➥

cozinhe por 1 hora a 1 hora e meia. Para verificar o ponto de cozimento, corte o Peru Falso e certifique-se de que não pareça elástico como glúten cru; ele deve ter cor consistente e pequenas bolhas de ar. Nesse ponto, será melhor deixá-lo esfriar na panela antes de manusear, então concentre-se em fazer o recheio. Não descarte o líquido do cozimento, pois você precisará dele tanto para o recheio quanto para o molho. Você pode fazer o peru com antecedência de um dia ou semanas. Deixe-o esfriar completamente, depois remova o pano de musselina e descarte. Refrigere o peru no líquido de cozimento por até 2 dias ou congele o peru e o líquido de cozimento separadamente por até 3 meses.

3º Passo Faça o recheio

½ xícara de manteiga vegana ou óleo neutro, como o de girassol, canola, abacate ou semente de uva

1 cebola grande ou 2 médias amarelas ou brancas picadas

4 talos de aipo fatiados

3 cenouras picadas

250 gramas de champignons ou cogumelos cremini fatiados

1 colher de chá mais uma pitada de sal marinho

700 gramas de pão em cubos torrado ou croutons (use baguetes amanhecidas se tiver; sempre parece que tenho pão seco sobrando de festas)

1 colher de sopa de sálvia desidratada e esfarelada

2 colheres de chá de tomilho desidratado

1 colher de chá de manjerona desidratada

1 xícara ou mais do caldo de cozimento para umedecer

Numa panela grande e funda, derreta a manteiga em fogo médio. Adicione as cebolas, o aipo, as cenouras, os cogumelos e uma boa pitada de sal e refogue em fogo médio por cerca de 3 minutos, até que os legumes murchem (eles não precisam ficar completamente macios). Desligue o fogo e misture o pão em cubos ou croutons, a sálvia, o tomilho, a manjerona e a colher de chá restante de sal, misturando bem. Despeje 1 xícara do caldo de cozimento sobre tudo e misture bem para garantir umidade. Se estiver um pouco seco, adicione mais caldo.

4º Passo Prepare a pele de yuba

Lembre-se de que esse passo deve ser feito apenas alguns minutos antes de rechear e assar o Peru Falso, a menos que você o tenha preparado dias, semanas ou meses antes e embrulhado bem e congelado. Se não pretende rechear e assar em seguida, não prossiga com a preparação da pele de yuba.

3 folhas grandes de yuba congeladas, descongeladas

½ xícara de vinho branco
½ xícara de azeite de oliva

3 colheres de sopa de tempero de Peru Falso (ver p. 215)

Mergulhe a yuba em água morna por alguns segundos para umedecê-la. Deixe descansar por cerca de 5 minutos. Ela ficará mais clara, macia e flexível. Esprema delicadamente a yuba para retirar a água. Prepare o líquido para regar. Numa tigela, misture o vinho branco, o azeite de oliva e o tempero do Peru Falso. Mergulhe cada folha de yuba nessa mistura e use as mãos para garantir que cada folha fique em imersão. Se a yuba estiver absorvendo demais, esprema-a delicadamente.

5º Passo Recheie e envolva o peru com a pele

Agora você pode rechear, envolver com a pele e assar o Peru Falso. Primeiro, preaqueça o forno a 180 °C. Prepare uma assadeira grande, untando-a levemente.

Coloque uma folha de yuba temperada na assadeira e abra-a. Coloque o Peru Falso numa tábua de cortar e observe bem a forma dele, pois cada um será diferente. Decida qual lado será a parte de cima. Começando pelo lado de baixo, faça um corte profundo e recheie o peru. Você pode separar um pouco do recheio para espalhar em toda a volta do Peru Falso. Coloque-o no centro da folha de yuba na assadeira e envolva-o com ela. Pegue as outras 2 folhas de yuba e cubra todo o Peru Falso, dobrando-as por baixo para deixar tudo bem arrumado.

A RECEITA CONTINUA ➻

6º Passo: Asse e regue!

Cubra a assadeira com papel-alumínio e asse por cerca de 1 hora. Retire o Peru Falso do forno, remova o papel-alumínio e umedeça-o com o líquido de rega usando um pincel culinário. Coloque-o de volta no forno por mais 15 minutos ou até que fique dourado. Ao retirar do forno, regue novamente. Observação: se você estiver preparando o peru com dias ou semanas de antecedência e congelando, asse por apenas 15 minutos, depois deixe esfriar. Embrulhe bem em papel-alumínio e congele. Para reaquecer, deixe descongelar por 24 horas completas na geladeira e, em seguida, asse por 1 hora e 15 minutos a 1 hora e meia, coberto com papel-alumínio durante todo o tempo, exceto nos últimos 15 minutos, para deixar que doure.

7º Passo Faça o molho

Rende cerca de 4½ xícaras

Enquanto o Peru Falso está assando, faça o molho.

½ xícara de manteiga vegana ou óleo neutro, como o de girassol, canola, abacate ou semente de uva

⅔ de xícara de farinha de trigo

4 xícaras de caldo do cozimento quente (ver a p. 215)

½ xícara de vinho branco

⅓ de xícara do tempero do peru (ver a p. 215)

3 colheres de sopa de molho de soja ou tamari, mais a gosto

Numa panela grande, derreta a manteiga ou aqueça o óleo em fogo médio. Adicione a farinha e cozinhe, mexendo com uma colher de pau, por alguns minutos, para fazer um roux claro. Adicione o caldo de Peru Falso quente e misture bem com um batedor de arame. Acrescente o vinho branco, o tempero do peru e o molho de soja e deixe ferver por cerca de 5 minutos, até engrossar.

8º Passo Fatie e sirva!

Agora você já pode apresentar sua criação. Fatie o Peru Falso sobre a mesa para uma apresentação impressionante e sirva com bastante recheio e molho. Boas festas!

Adorável Lagosta

Rende cerca de 700 gramas

Com esta deliciosa receita vegana, que também é rica em fibras, você pode apreciar pratos com lagosta sem prejudicar esses crustáceos. Apresentando o konnyaku, ou bolo de inhame japonês, que é a base para macarrão de zero calorias que está ganhando popularidade, esta lagosta tem aquela textura elástica que lembra as magníficas criaturas marítimas – e garante que elas permaneçam no mar, onde podem viver por até cem anos, se não acabarem numa panela. Use essa receita para preparar a Lagosta à Thermidor (p. 122) ou o Fettuccine de Lagosta ao Alho (p. 124).

Para aqueles que gostam de fazer experimentos e têm afinidade com a ciência dos alimentos (ou simplesmente gostam de comprar ingredientes secos na internet), incluí uma receita alternativa para fazer a Adorável Lagosta com konjac em pó. Ele se mantém compacto com um pouco mais de facilidade, mas os resultados são quase idênticos.

1 xícara de água

3 colheres de sopa de óleo neutro, como o de girassol, canola, abacate ou semente de uva

2 colheres de sopa de molho de peixe vegano (ver o Glossário) ou 1 folha de nori

2 colheres de chá de açúcar

1 colher de chá de sal marinho

1 xícara de proteína de soja em pó sem sabor

300 gramas de konnyaku branco, comprado pronto ou caseiro (p. 221), cortado em pedaços de aproximadamente 2,5 cm

Num processador de alimentos, misture a água, o óleo, o molho de peixe, o açúcar e o sal. Adicione a proteína de soja em pó e processe até ficar bem misturado. Adicione os pedaços de konnyaku e pulse até que sejam quebrados em pedaços bem menores (a mistura deve ter pequenos grumos uniformes).

Prepare o cozimento a vapor. Você pode usar uma panela tradicional de cozimento a vapor ou criar a própria com uma peneira colocada sobre uma panela com água. Forre o cesto de cozimento a vapor com papel-manteiga e certifique-se de ter água suficiente na panela de baixo, mas a água não deve tocar o fundo da cesta ou peneira. Com as mãos, faça rolinhos com cerca de 5 cm de comprimento. Você pode fazer pedaços maiores ou menores, conforme desejar.

Cozinhe a vapor por cerca de 20 minutos. Deixe esfriar antes de manusear. A Adorável Lagosta pode ser armazenada na geladeira por até 4 dias.

A RECEITA CONTINUA ➥

Variação

Adorável Lagosta para os Amantes da Ciência dos Alimentos: dissolva ¼ de colher de chá de cal culinária (ver o Glossário) em 4 xícaras de água e reserve. Junte 2 xícaras de água e 1 colher de sopa de konjac em pó (ver o Glossário) numa panela e misture bem. Leve para ferver, depois reduza o fogo e mexa devagar quase o tempo todo. Despeje o líquido da cal culinária e misture bem. Deixe cozinhar por mais 1 minuto ou 2. Espere a mistura esfriar até ficar morna o suficiente para manipular com as mãos. Ela terá consistência muito gelatinosa. Adicione 2 colheres de sopa de molho de peixe vegano (ver o Glossário), 2 colheres de chá de açúcar e ½ colher de chá de sal marinho e misture bem. Por fim, junte ¾ de xícara de proteína de soja em pó, mexendo com as mãos para incorporar. Forme bolinhas ou hambúrgueres e cozinhe no vapor, seguindo as instruções da página anterior.

Konnyaku Caseiro para Lagosta, Calamari Fritti e Mais

Rende cerca de 600 gramas

Esta é, sem dúvida, a receita mais estranha deste livro e, definitivamente, para aqueles inclinados à ciência dos alimentos. Se você tem afinidade profunda com a culinária japonesa, provavelmente sabe o que é konnyaku e pode estar intrigado com a oportunidade de fazer o seu próprio. Mas, se você não sabe, pode estar se perguntando: "Então, o que é konnyaku?". É uma coisa viscosa, dura e um tanto gelatinosa feita do inhame konjac, tubérculo rico em fibras e praticamente sem calorias. Sim, é quase um alimento milagroso, e, na verdade, você, às vezes, encontrará na forma de macarrão. Na forma de bloco, assemelha-se incrivelmente à lula e proporciona textura elástica que funciona perfeitamente para a lagosta.

Embora você possa comprar konnyaku em praticamente qualquer loja de produtos orientais (ele é perecível, então procure na seção refrigerada), é divertido fazer o seu próprio usando o konjac em pó. Se fizer em casa, pode temperá-lo a gosto com molho de peixe vegano, o que realmente faz com que ele tenha o sabor de lula. Essa é a resposta para o Calamari Fritti perfeito (p. 16) e para a Adorável Lagosta (p. 219), e também pode ser adicionado à Bouillabaisse (p. 104) como "lula".

2 xícaras de água

⅛ de colher de chá de cal culinária (ver o Glossário)

2 colheres de sopa de konjac em pó (ver o Glossário)

½ colher de chá de sal marinho

1 colher de sopa de molho de peixe vegano (ver o Glossário)

Numa panela larga, bata juntas a água e a cal culinária e deixe descansar por 1 minuto. Adicione o konjac em pó num fio constante para evitar grumos. Coloque a panela em fogo alto e deixe a mistura ferver. Será difícil, pois estará muito viscosa, mas você poderá ver bolhas grandes começarem a se formar. Junte o sal e o molho de peixe e, usando uma espátula de silicone, dobre a mistura lentamente para mexê-la (descobri que dobrá-la com uma espátula funciona melhor, pois ela estará muito espessa para mexer com um batedor). A mistura deve estar branca e viscosa. Cozinhe por cerca de 3 minutos, depois espalhe num prato ou numa forma plana. Ela endurecerá ao esfriar. Quando estiver dura, pode ser cortada em anéis, se estiver preparando o Calamari Fritti, ou usada para fazer a Adorável Lagosta. O konnyaku pode ser armazenado na geladeira por até 1 semana.

Vieiras Vapt-Vupt na Manteiga

Rende cerca de 450 gramas, o suficiente para servir 4 ou mais pessoas

Se Alice os tivesse experimentado no País das Maravilhas, acho que até ela teria ficado impressionada com os poderes transformadores dos cogumelos eryngui. Embora não sejam particularmente saborosos, eles são capazes de absorver sabores e texturas de muitos outros alimentos (e tudo isso sem efeitos alucinógenos, o que é conveniente). Experimente: se você usar uma faca pequena para fazer cortes nas laterais dos cogumelos grandes e depois cortá-los em rodelas grossas, eles se transformarão em pedaços que se parecerão, se comportarão e terão sabor muito parecido com as vieiras do mar, especialmente com um toque de molho de peixe vegano. Coma-os sozinhos, com arroz e legumes cozidos no vapor ou na receita de Linguine com Vieiras ao Alho, Limão e Ervas (p. 80), de Bouillabaisse (p. 104) ou da Paella com Vieiras, Linguiça e Frango (p. 172). Não precisa adicionar o molho de peixe se quiser um refogado simples de cogumelo.

700 gramas de cogumelos eryngui grandes, com os chapéus cortados onde começam as lamelas e reservados para outro uso

4 colheres de sopa de manteiga vegana

1½ colher de sopa de molho de peixe vegano (ver o Glossário)

2 colheres de sopa de água

Sal kosher e pimenta-do-reino moída na hora

Passe uma faca pequena e afiada longitudinalmente num talo de cogumelo, fazendo cortes de aproximadamente 1,5 cm. Repita em intervalos regulares mais quatro vezes ao redor do talo. (Isso fará com que o cogumelo encolha e fique com bordas irregulares ao cozinhar, imitando a textura de uma vieira do mar.) Corte os talos em rodelas com espessura de 2 cm.

Aqueça uma frigideira grande em fogo médio-alto. Adicione a manteiga. Quando a manteiga derreter, adicione as vieiras com um lado plano para baixo e frite até ficarem bem douradas, de 6 a 7 minutos de cada lado, virando na metade do tempo. Adicione o molho de peixe e a água, mexa e frite por mais cerca de 30 segundos, mexendo para envolver todas as vieiras no molho. Tempere com sal e pimenta (mas prove primeiro, pois os molhos de peixe têm níveis diferentes de salinidade) e sirva quente. Elas ficam melhores imediatamente após o cozimento, embora possam ser reaquecidas em outros pratos. Se não for consumir em seguida, armazene na geladeira por até 4 dias.

Peixe de Jaca

Os substitutos veganos de peixe estão encontrando cada vez mais espaço nas prateleiras dos supermercados, mas a maioria deles é empanada. Se você está procurando uma alternativa baseada em alimentos integrais e que possa ser usada em várias receitas, como a Bouillabaisse (p. 104), experimente esta versão usando jaca. Se fervida por bastante tempo num caldo com aroma de frutos do mar, ela perderá o sabor frutado e será o complemento perfeito para um peixe macio. E, é claro, você pode empanar e fritar, tomar uma cerveja e se deliciar com o Peixe Empanado na Cerveja e Batatas Fritas (p. 70).

1 lata (660 gramas) de jaca verde jovem em conserva, escorrida

1 xícara de água

1 a 2 colheres de sopa de molho de peixe vegano (ver o Glossário) ou 1 folha de nori

180 gramas de tofu de consistência média ou firme (não use extrafirme ou o tipo embalado a vácuo)

1½ colher de chá de konjac em pó (ver o Glossário)

2 folhas de nori (além da folha usada para a jaca, se ela foi usada no lugar do molho de peixe)

Escorra a jaca e desfie com os dedos para que ela fique semelhante à carne desfiada. Coloque-a numa panela pequena e adicione a água e o molho de peixe a gosto ou 1 folha de nori. Tampe, leve para ferver em fogo alto e depois reduza o fogo e cozinhe por cerca de 30 minutos para amaciar e dar sabor à jaca. Assim ela perde o aspecto frutado e adquire sabor de peixe. Se você usou nori em vez de molho de peixe, provavelmente obterá uma espécie de massa escura e úmida. Você pode descartar essa massa ou parti-la e adicioná-la ao prato. Escorra bem a jaca.

Misture o tofu e o konjac em pó num processador de alimentos pequeno e pulse até obter uma mistura homogênea. Numa tigela, misture a jaca e a mistura de tofu. Corte ou rasgue as 2 folhas de nori em 4 pedaços longos cada. Coloque uma porção da mistura de jaca, cerca de ½ xícara, em metade de cada pedaço de nori, achate um pouco para formar um filé e dobre o nori sobre a mistura para envolver a jaca no nori.

Coloque os 8 pedaços sobre uma folha de papel-manteiga numa panela a vapor. Tampe e cozinhe no vapor por 30 minutos, até ficar firme. Deixe esfriar antes de usar; eles ficarão ainda mais firmes. Mantenha refrigerado por até 4 dias ou congele por até 3 meses (descongele antes de usar).

Queijo Paneer Caseiro

Rende 300 gramas

Se ao preparar um saag paneer, prato tradicional da culinária indiana, o tofu vegano não estiver satisfazendo a você, experimente esta receita. Este queijo é muito firme, mas amolecerá e derreterá o suficiente quando aquecido ou frito. Com um leve toque de acidez, é perfeito para um karê picante. Em vez de usar frango vegano no Frango Indiano com Manteiga para Iniciantes (p. 159), você pode substituir por esse paneer (só se certifique de fritá-lo num pouco de óleo para dourar, antes de adicioná-lo no final). Ele também é delicioso na Abobrinha Turca Recheada com Carne e Arroz (p. 162). Ou experimente como aperitivo: empane, frite e sirva com molho de tamarindo.

3 xícaras de iogurte sem açúcar à base de soja ou amêndoas

4 colheres de sopa de farinha de tapioca (ver o Glossário)

½ xícara de água

1 colher de sopa de ágar em pó (ver o Glossário)

1 colher de chá de sal marinho

Coloque o iogurte num saco de malha fina para preparação de leite vegetal ou numa camada dupla de gaze e pendure-o numa torneira ou em algo com uma tigela embaixo para permitir que o soro escorra. Deixe por cerca de 24 horas; nesse momento, ele deve ter se tornado uma mistura muito espessa que corresponde a menos da metade da quantidade original. No início, é difícil prever exatamente quanto você terá a partir das 3 xícaras de iogurte, pois a quantidade de sólidos do leite pode variar, dependendo do iogurte. (O iogurte de coco não funciona muito bem para isso.) Meça 1 xícara dessa mistura e, se sobrar um pouco, reserve para outro uso ou ajuste as proporções dos outros ingredientes para fazer mais paneer.

Misture a farinha de tapioca no iogurte coado. Despeje a água numa panela e misture o ágar em pó num fio contínuo. Quando estiver completamente dissolvido, tampe a panela (muito importante!) e leve para ferver em fogo brando. Inicialmente, ficará muito espesso, turvo e com grumos, mas vai se tornar mais líquido quando atingir a temperatura correta (acima de 93 °C). Você sempre deve deixar a panela tampada, exceto para verificar o progresso algumas vezes, pois a tampa ajuda a reter o calor e a fazer o ágar se dissolver sem queimar a panela. Deixe ferver por cerca de 5 minutos, até que a mistura se torne mais líquida e escorra da espátula como vidro derretido.

Adicione a mistura de iogurte e tapioca e bata rapidamente para incorporá-la ao ágar. O iogurte deve estar em temperatura ambiente, pois, se estiver frio da geladeira, pode fazer com que o ágar endureça e forme pedaços duros. Continue mexendo, agora com uma espátula de borracha, até que fique muito espesso e pegajoso. Despeje num recipiente raso e leve à geladeira até firmar, cerca de 1 a 2 horas. Uma vez firme, você pode cortar o queijo paneer e usá-lo em pratos como o saag paneer. Guarde na geladeira por até 3 semanas.

Muçarela de Búfala Fácil

Rende cerca de 450 gramas

Esta é a muçarela que mais gosto de fazer e comer, embora tenha muitas receitas desse tipo. Ela tem aquela adorável elasticidade das muçarelas frescas e é fabulosa em saladas caprese, sanduíches ou marinada em óleo e ervas, depois espetada e grelhada. Por não conter óleo, não é o melhor queijo para derreter, mas amolecerá quando assado. Experimente nos Calzones de Linguiça com Erva-doce Assada e Limão em Conserva (p. 55) ou no Fettuccine com Abóbora Assada, Linguiça e Muçarela (p. 83).

1 xícara de castanha-de-caju crua

1 xícara de iogurte sem açúcar à base de amêndoas, soja ou aveia

1 xícara de água

1½ colher de chá de sal marinho

3 colheres de sopa de farinha de tapioca (ver o Glossário)

1 colher de sopa de ágar em pó (ver o Glossário)

Coloque as castanhas-de-caju numa tigela e adicione água suficiente para cobri-las. Deixe de molho por 3 a 8 horas, depois escorra e enxágue.

Coloque o iogurte, as castanhas, ½ xícara de água e o sal no liquidificador e bata até ficar homogêneo. Transfira para um recipiente, cubra com um pano de prato e reserve por 12 a 24 horas, até ficar levemente azedo. Adicione a farinha de tapioca e misture bem.

Numa panela pequena com fundo grosso (uma panela fina simplesmente queimará o ágar), misture o ágar na ½ xícara restante de água. Quando estiver completamente dissolvido, reduza o fogo, tampe a panela (muito importante!) e leve para ferver em fogo brando. Inicialmente, ficará muito espesso, turvo e com grumos, mas vai se tornar mais líquido quando atingir a temperatura correta (acima de 93 °C). Você sempre deve deixar a panela tampada, exceto para verificar o progresso algumas vezes, pois a tampa ajuda a reter o calor e faz o ágar a se dissolver sem queimar. Deixe ferver por cerca de 5 minutos, até que a mistura se torne mais líquida e escorra da espátula como vidro derretido. Despeje a mistura de iogurte no ágar e misture bem. Aumente o fogo para médio e cozinhe por 2 a 3 minutos, mexendo com uma colher de pau, até que a mistura fique lisa, brilhante e muito elástica. Experimente um pouco para garantir que não sentiu nenhum resíduo de amido na língua; se ainda estiver com amido, continue cozinhando por mais 1 minuto.

Prepare uma tigela grande com água gelada. Usando uma colher de sorvete, coloque bolas do queijo na água gelada. Deixe descansar por 20 a 30 minutos, até ficarem firmes. Quanto maiores forem as bolas, mais tempo levarão para firmar. Elas estarão prontas quando estiverem firmes o suficiente para serem fatiadas com facilidade. Você pode armazená-las na geladeira por 1 semana como estão ou, para armazenamento mais longo, mergulhá-las em azeite ou vinagrete por até 1 mês.

Parmesão Caseiro

Rende 350 gramas

Aqui está um verdadeiro Parmesão que pode ser ralado e derretido para você usar em todas as suas saladas e pratos italianos favoritos. Ele é feito com manteiga de cacau desodorizada, que é muito dura mesmo em temperatura ambiente (enquanto o óleo de coco amolece). Certifique-se de usar manteiga de cacau comestível e desodorizada ou acabará com um queijo com sabor de chocolate!

1 xícara de farinha de amêndoa

½ xícara de azeitonas verdes sem caroço, como as Castelvetrano

⅓ de xícara de salmoura de azeitona

¼ de xícara de fermento nutricional (ver o Glossário)

¼ de xícara de farinha de tapioca (ver o Glossário)

2 colheres de sopa de missô vermelho

1 colher de chá de sal marinho

2 colheres de sopa de iogurte sem leite com culturas ativas, qualquer tipo, ou 1 cápsula probiótica vegana

180 gramas de manteiga de cacau desodorizada (de preferência em pedaços)

No liquidificador, coloque a farinha de amêndoa, as azeitonas, a salmoura de azeitona, o fermento nutricional, a farinha de tapioca, o missô e o sal e bata até ficar bem homogêneo, lembrando-se de que a farinha de amêndoa deixará uma textura um pouco granulada. Adicione o iogurte sem leite ou a cápsula probiótica e bata por mais 5 segundos. Transfira para uma tigela ou recipiente, tampe ou cubra com filme-plástico e deixe num local aquecido (entre 27 °C e 43 °C), para fermentar, por cerca de 24 horas.

Prepare a manteiga de cacau desodorizada. Se estiver em pedaços pequenos, não é necessário fazer nada. Se estiver em pedaços grandes, pique em pedaços menores.

Quando a mistura de amêndoa fermentada estiver com o sabor desejado, transfira para uma panela. Adicione a manteiga de cacau e aqueça em fogo médio. Cozinhe, mexendo sempre com uma espátula de borracha, até que a manteiga de cacau derreta e se incorpore à mistura e tudo comece a engrossar e ficar brilhante. Experimente de vez em quando para garantir que o amido tenha gelatinizado por completo; se ainda estiver com sabor de amido, você será capaz de detectar uma nota amilácea. O truque é aquecer o suficiente para cozinhar o amido, mas não tanto a ponto de o óleo começar a se separar. Se você cozinhar demais e o óleo se separar, transfira para uma tigela e leve à geladeira por meia hora aproximadamente, para esfriar um pouco; em seguida, bata novamente no liquidificador até ficar homogêneo. O óleo deve se reincorporar, mas isso não acontecerá se estiver muito quente. Despeje a mistura numa forma (uma tigela de vidro, uma forma de silicone, um recipiente de plástico) e deixe esfriar. Refrigere até ficar bem firme; pode ser mantido refrigerado por até 3 meses.

Glossário

Ágar O ágar é uma alga marinha sem sabor que tem efeito gelificante, podendo coagular ou adicionar firmeza a líquidos. Embora seja mais quebradiço que a gelatina, pode ser combinado com tapioca para produzir efeito semelhante. Está disponível principalmente na forma de pó ou flocos. As receitas deste livro utilizam o pó, que é mais fácil de usar. O ágar é ativado ao dissolvê-lo completamente num líquido e levá-lo para ferver. Ele começa a endurecer conforme esfria e mantém a firmeza em temperatura ambiente. Você pode encontrar ágar em lojas de produtos naturais, na internet ou em mercearias de produtos orientais e certifique-se de escolher o tipo sem açúcar.

Aminoácidos Líquidos Bragg Inventado por Paul e Patricia Bragg, este condimento é feito de soja e água usando um processo patenteado para criar um substituto do molho de soja e tamari rico em umami, com sabor de carne e levemente defumado. Embora eu o tenha usado em muitas receitas aqui, seja como opção recomendada ou como alternativa ao molho de soja, ele não tem o sabor adequado para alguns pratos, por exemplo, aqueles com influência oriental. Os Aminoácidos Líquidos Bragg estão disponíveis em lojas de produtos naturais e na internet.

Cal Culinária A cal culinária é um mineral natural, hidróxido de cálcio, frequentemente usado para aumentar a crocância dos picles. A marca Mrs. Wages pode ser encontrada na internet.

Farinha de Tapioca Chame-a de farinha de tapioca ou amido de tapioca, são a mesma coisa. Trata-se de um amido derivado da raiz da mandioca. A tapioca cria uma textura elástica que, se combinada com o ágar, produz a textura perfeita para queijos veganos. No entanto, se você adicionar em excesso, sua criação pode ficar gomosa.

Glúten de Trigo Vital Esta é a proteína do trigo sem o amido e o farelo. É uma farinha de glúten instantânea que, quando combinada com líquidos e aromatizantes, forma a base de muitas alternativas de carne. É encontrado em lojas de produtos naturais e na internet.

Jaca Esta fruta tropical é deliciosa quando consumida madura como fruta ou como substituto de carne quando ainda está jovem e verde.

Konjac em Pó O konjac em pó é a raiz do konjac moído, uma planta tuberosa fibrosa. Amplamente utilizado na culinária oriental, é isento de calorias e rico em fibras. Confere textura gelatinosa e firme aos alimentos e é a base para o "calamari" e a "lagosta" veganos. Está disponível na internet e em algumas lojas de produtos naturais.

Levedura Nutricional (também conhecida como "nooch") Esta levedura desativada é encontrada em forma de flocos e não apenas é rica em vitaminas (especialmente do complexo B), minerais e proteínas, mas também tem sabor marcante. Pode adicionar tanto sabor de queijo quanto de carne a várias receitas. Algumas marcas de levedura nutricional não têm tanto sabor; procure por Red Star ou Bragg.

Molho de Peixe Vegano O número de molhos de peixe vegano disponíveis no mercado está aumentando, felizmente, embora, pela minha experiência, eles variem bastante no "sabor de peixe". Este produto pode realçar o Pad Thai Apimentado com Frango (p. 155), as Vieiras Vapt-Vupt na Manteiga (p. 222) ou onde quer que você queira um toque de sabor de peixe fermentado.

Papel de Arroz A embalagem para rolinhos primavera feita de arroz se parece com papel translúcido, daí seu nome. Embora antigamente só fosse encontrado em mercearias de produtos orientais, hoje é bastante comum em alguns países e pode ser encontrado em qualquer supermercado ou loja de produtos naturais, além de estar disponível na internet.

Proteína de Ervilha em Pó Esta é uma forma concentrada de proteína extraída de ervilhas amarelas. Procure por uma marca, como a Bob's Red Mill, em que seja extraída usando um processo com água em vez de solvente e verifique se é sem sabor e sem açúcar. Pode ser encontrada em lojas de produtos naturais e na internet.

Sal Negro (Kala Namak) Não confunda com o sal negro vulcânico (que é apenas sal misturado com carvão ativado); o sal negro, também conhecido como kala namak, é um sal cozido no forno que adquire cheiro e sabor sulfurosos. Pode realçar pratos, adicionando sabor de ovo a eles. O sabor de ovo desaparece quando cozido, por isso deve ser adicionado no final do processo de cozimento. O kala namak está disponível em lojas especializadas, mercearias indianas e na internet.

Saquê Mirin Este saquê doce japonês confere umami, suavidade, doçura e complexidade a muitos pratos. Escolha um naturalmente fermentado apenas com arroz e koji (ele terá teor alcoólico real), em vez do *mock* mirin, sem álcool, que é principalmente feito de açúcar.

Vinagre Preto Chinês Este vinagre escuro e levemente defumado feito de sorgo, cevada e ervilhas obtém intensidade ao envelhecer por vários anos e é usado como molho para acompanhar guiozas. Você pode encontrá-lo em mercearias de produtos orientais.

Yuba Já aqueceu o leite de vaca por muito tempo para que forme uma película na parte superior? Bem, isso é o que a yuba é, só que é a película do leite de soja. A "película" é removida e pendurada para secar um pouco ou completamente. Além de criar uma "pele" realista para o frango ou o peru, ela também pode ajudar a criar a textura de lascas em peixes ou frangos veganos. Você pode encontrá-la fresca ou congelada em algumas mercearias de produtos orientais ou de produtos naturais (procure pela marca Hodo Soy). Se não conseguir encontrá-la fresca ou congelada, você pode usar a versão seca, que pode ser encontrada na internet, mas tome cuidado, pois ela é frágil. A versão fresca não requer preparo; basta desembalar, desdobrar e usar. A versão congelada precisará ser deixada de molho por 2 a 3 minutos em água, ou conforme as instruções. A versão seca exigirá que você a deixe de molho em água por 10 minutos para reconstituir e se tornar flexível antes de poder ser usada. "Yuba" é uma palavra japonesa, e, embora existam marcas japonesas, prefiro usar marcas chinesas, que geralmente são mais espessas e menos delicadas.

Agradecimentos

Sério. Eu estava me perguntando como iria escrever um livro e, ao mesmo tempo, dar conta da minha vida agitada como CEO da Miyoko's. Não poderia ter feito isso e *não* o teria feito se não fosse pela minha gentil e tranquila editora, Lisa Regul, que me convenceu de que eu era a pessoa certa para o trabalho. E também tenho a minha agente, Sally Ekus, que estava entrando em licença-maternidade, mas garantiu que eu tivesse tudo em ordem para começar o projeto antes de entrar em trabalho de parto. E obrigada a Jess Thomson pela ajuda em muitas das receitas. Ah, o longo processo acabou, e as pessoas devem entender que um livro se concretiza não apenas por causa do autor, mas por causa de todas as pessoas que o apoiam de todos os lados, desde a fotógrafa (a incrível Eva Kolenko) até a designer (Isabelle Gioffredi), a gerente de produção (Jane Chinn), os editores, os testadores (obrigada novamente, Linda Postenreider!) e, por fim, aos que estavam dispostos a devorar os pratos: meus amigos e familiares, que mais uma vez se tornaram cobaias para noites e noites de pratos cheios de proteínas (uma das minhas filhas estava animada: "Estou *tão* feliz que você esteja fazendo essas refeições ricas em proteínas!", ela disse com sarcasmo).

Índice Remissivo

Título do original: *The Vegan Meat Cookbook*.

Copyright © 2021 por Miyoko Schinner.

Copyright das fotos © 2021 Eva Kolenko.

Publicado mediante acordo com Ten Speed Press, um selo da Random House, uma divisão da Penguin Random House LLC

Copyright da edição brasileira © 2024 Editora Pensamento-Cultrix Ltda.

1ª edição 2024.

Designer: Isabelle Gioffredi | Diretora de arte: Betsy Stromberg |
Designers de produção: Mari Gill e Faith Hague
Estilista de alimentos: Emily Caneer | Estilista de adereços: Claire Mack

Editor: Adilson Silva Ramachandra
Gerente editorial: Roseli de S. Ferraz
Gerente de produção editorial: Indiara Faria Kayo
Editoração eletrônica: Join Bureau
Revisão técnica: Natalia Werutsky
Revisão: Adriane Gozzo

Dados Internacionais de Catalogação na Publicação (CIP)
(Câmara Brasileira do Livro, SP, Brasil)

Schinner, Miyoko
    O livro de receitas das carnes veganas: mais de 100 refeições saudáveis, suculentas e saborosas totalmente plant-based / Miyoko Schinner; fotografias Eva Kolenko; tradução Denise de Carvalho Rocha. – São Paulo: Editora Cultrix, 2024.

    Título original: The vegan meat cookbook: meatless favorites, made with plants
    ISBN 978-65-5736-287-7

    1. Culinária vegana 2. Substitutos de carne I. Kolenko, Eva. II. Título.

23-183844   CDD-641.5636

Índices para catálogo sistemático:
1. Culinária vegana: Receitas: Economia doméstica 641.5636
Cibele Maria Dias – Bibliotecária – CRB-8/9427

Direitos de tradução para o Brasil adquiridos com exclusividade pela EDITORA PENSAMENTO-CULTRIX LTDA., que se reserva a propriedade literária desta tradução.
Rua Dr. Mário Vicente, 368 — 04270-000 — São Paulo, SP – Fone: (11) 2066-9000
http://www.editoracultrix.com.br
E-mail: atendimento@editoracultrix.com.br
Foi feito o depósito legal.